White Paper Series Balto grāmatu sērija

THE LATVIAN LANGUAGE IN THE DIGITAL AGE

LATVIEŠU VALODA DIGITĀLAJĀ LAIKMETĀ

Inguna Skadiņa Tilde
Andrejs Veisbergs Latvijas Universitāte
Andrejs Vasiļjevs Tilde
Tatjana Gornostaja Tilde
Iveta Keiša Tilde
Alda Rudzīte Tilde

Georg Rehm, Hans Uszkoreit
(editors, redaktori)

Editors
Georg Rehm
DFKI
Alt-Moabit 91c
Berlin 10559
Germany
e-mail: georg.rehm@dfki.de

Hans Uszkoreit
DFKI
Alt-Moabit 91c
Berlin 10559
Germany
e-mail: hans.uszkoreit@dfki.de

ISSN 2194-1416 ISSN 2194-1424 (electronic)
ISBN 978-3-642-30875-8 ISBN 978-3-642-30876-5 (eBook)
DOI 10.1007/978-3-642-30876-5
Springer Heidelberg New York Dordrecht London

Library of Congress Control Number: 2012947861

Printed on acid-free paper

Springer is part of Springer Science+Business Media (www.springer.com)

PRIEKŠVĀRDS

Šī baltā grāmata ir daļa no dokumentu sērijas, kurā apkopota informācija par valodu tehnoloģijām un to iespējām. Tā ir paredzēta pedagogiem, žurnālistiem, politiķiem, valodniekiem un citiem sabiedrības locekļiem. Valodu tehnoloģiju pieejamība un lietojums dažādās Eiropas valodās atšķiras. Tādējādi katrai valodai nepieciešamas atšķirīgas darbības, lai tālāk izpētītu un attīstītu valodu tehnoloģijas. Tās ir atkarīgas no daudziem faktoriem, piemēram, konkrētās valodas sarežģītības un tās lietotāju skaita.

Šajās balto grāmatu publikācijās (91. lpp.) veikta pašreizējo valodas resursu un tehnoloģiju analīze. Tās vadītājs bija META-NET — Eiropas Komisijas finansētais izcilības tīkls. Šajā analīzē galvenā uzmanība tika pievērsta 23 Eiropas oficiālajām valodām, kā arī citām nozīmīgām Eiropas valstu un reģionālajām valodām. Analīzes rezultāti liecina, ka visu valodu pētniecībā ir daudz svarīgu izaicinājumu un problēmu. Lai turpmākajai pētniecībai būtu maksimāla atdeve un tiktu samazināti potenciālie riski, nepieciešama detalizēta un lietpratīga analīze, kā arī pašreizējās situācijas novērtējums.

Tīklā META-NET ietilpst 54 pētniecības centri 33 valstīs [1] (87. lpp.). Tie sadarbojas ar pārstāvjiem no privātajiem uzņēmumiem, valsts aģentūrām, rūpniecības nozarēm, pētniecības iestādēm, programmatūras izstrādātājiem, tehnoloģiju nodrošinātājiem un Eiropas universitātēm. Visi šī tīkla dalībnieki strādā pie kopīga tehnoloģiju redzējuma. Tiek izstrādāta stratēģija, kā līdz 2020. gadam risināt visas ar pētniecību saistītās problēmas, izmantojot valodu tehnoloģiju lietojumprogrammas.

PREFACE

This white paper is part of a series that promotes knowledge about language technology and its potential. It addresses educators, journalists, politicians, language communities, and others.

The availability and use of language technology in Europe varies among languages. Consequently, the actions that are required to further support research and development of language technologies also differ for each language. The actions depend on many factors, such as the complexity of a given language and the size of its community.

META-NET, a Network of Excellence funded by the European Commission, has conducted an analysis of current language resources and technologies in this white paper series (p. 91). The analysis focused on the 23 official European languages as well as other important national and regional languages in Europe. The results of this analysis suggest that there are many significant research gaps for each language. A more detailed expert analysis and assessment of the current situation will help maximise the impact of additional research and minimise any risks.

META-NET consists of 54 research centres from 33 countries [1] (p. 87) that are working with stakeholders from commercial businesses, government agencies, industry, research organisations, software companies, technology providers, and European universities. Together, they are creating a common technology vision while developing a strategic research agenda that shows how language technology applications can address any research gaps by 2020.

META-NET – office@meta-net.eu – http://www.meta-net.eu

Šī dokumenta autori pateicas vācu valodas baltās grāmatas autoriem par atļauju atkārtoti izmantot daļu sava dokumenta materiālu, kas neskar konkrēto valodu [2].

Autori pateicas Daigai Deksnei, Kārlim Gobam un Raivim Skadiņam par vērtīgajiem ierosinājumiem, *Tildes* Lokalizācijas un dokumentācijas daļas tulkotājiem, īpaši Elitai Kalniņai, par sākotnējo dokumenta tulkojumu, Aivaram Bērziņam, Ievai Dātavai, Evitai Korņējevai, Indrai Sāmītei, Katrīnai Baltmanei un Lindai Staužai par neizsīkstošu palīdzību dokumenta galīgās versijas sagatavošanā.

Šīs baltās grāmatas sagatavošanu finansiāli atbalstīja Eiropas Komisijas Septītā pamatprogramma un IKT politikas atbalsta programma saskaņā ar līgumiem T4ME (dotācijas nolīgums 249 119), CESAR (dotācijas nolīgums 271 022), METANET4U (dotācijas nolīgums 270 893) un META-NORD (dotācijas nolīgums 270 899).

The authors of this document are grateful to the authors of the white paper on German for permission to re-use selected language-independent materials from their document [2].

The authors would like to thank Daiga Deksne, Kārlis Goba and Raivis Skadiņš for their valuable comments and contributions, the translators of Tilde's Localization and Documentation department, especially Elita Kalniņa for initial translation, and Aivars Bērziņš, Ieva Dātava, Evita Korņējeva, Indra Sāmīte, Katrīna Baltmane and Linda Stauža for their support in the editing and finalisation process.

The preparation of this White Paper has been funded by the Seventh Framework Programme and the ICT Policy Support Programme of the European Commission under the contracts T4ME (Grant Agreement 249 119), CESAR (Grant Agreement 271 022), METANET4U (Grant Agreement 270 893) and META-NORD (Grant Agreement 270 899).

SATURS CONTENTS

LATVIEŠU VALODA DIGITĀLAJĀ LAIKMETĀ

THE LATVIAN LANGUAGE IN THE DIGITAL AGE

KOPSAVILKUMS

Informācijas tehnoloģija maina mūsu ikdienu. Mēs lietojam datorus, lai rakstītu, sazinātos, veiktu aprēķinus, meklētu informāciju un — arvien vairāk — lai lasītu, klausītos mūziku, skatītos fotoattēlus un filmas. Kabatā sev līdzi mēs nēsājam mazus datorus — viedtālruņus —, no kuriem zvanām, kuros rakstām un saņemam e-pasta vēstules, iegūstam informāciju un izklaidējamies neatkarīgi no atrašanās vietas. Informācija, zināšanas un ikdienas saziņa masveidā tiek digitalizēta. Kā tas ietekmē valodu? Vai mūsu valoda mainīsies vai pat izzudīs?

Visas mūsu skaitļošanas ierīces ir savstarpēji saistītas globālā tīklā, kas kļūst arvien blīvāks un jaudīgāks. Tomēr to, kā Fukušimas atomreaktorā notikusī avārija ietekmēs Eiropas enerģētikas politiku, eiropieši tiešsaistes forumos apspriež katrs savā valodā atsevišķās kopienās. Izmantojot internetu, cilvēki var sazināties, taču viņus joprojām šķir valodas barjera. Vai tā būs vienmēr?

Daudzas no pasaules 6900 valodām globalizētajā digitālās informācijas sabiedrībā neizdzīvos. Tiek lēsts, ka nākamajos gadu desmitos izzudīs vismaz 2000 valodu. Vēl daudzas citas tiks lietotas tikai ģimenes lokā un ikdienas saziņā, bet ne uzņēmējdarbības vidē vai zinātnē. Kādas izredzes izdzīvot ir latviešu valodai?

Latviešu valoda, ko visā pasaulē lieto aptuveni 1,5 miljoni cilvēku, valodas lietojuma ziņā ir apmēram 150. vietā pasaulē. Latviešu valoda ir vienīgā valsts valoda Latvijas Republikā un viena no Eiropas Savienības oficiālajām valodām.

2010. gadā Latvijā tika izdotas 2035 grāmatas un bukleti, kas ir visai daudz, tomēr kopējais izdoto eksemplāru skaits bija tikai 3,33 miljoni — ievērojami mazāk nekā 1991. gadā, kad tika izdoti 28,355 miljoni eksemplāru [3]. Programmas latviešu valodā piedāvā daudzas radiostacijas, divi sabiedriskās televīzijas kanāli un vairākas privātās telekompānijas. Daudzas ārzemju filmas tiek dublētas latviešu valodā.

Latvijā vēl joprojām jārisina problēmas, ko rada valstij "mantojumā" atstātā 20. gs. 50.–80. gados padomju varas piekoptā masveida imigrācijas un izglītības sistēmas segregācijas politika. Gandrīz trešās daļas Latvijas iedzīvotāju dzimtā valoda ir krievu valoda. Daudzās Latvijas skolās izglītību savulaik varēja iegūt tikai krievu valodā. Galu galā 1989. gadā tikai piektā daļa krieviski runājošo iedzīvotāju prata latviešu valodu [4]. Latviešu valodas nozīmes mazināšanās radīja bažas, ka tā pakāpeniski izzudīs.

Latviešu valodu aizsargā valsts valodas politika. Tās pamatprincips: latviešu valoda ir vienīgā Latvijas valsts valoda un dažādu Latvijā dzīvojošo etnisko grupu integrācijas valoda. Vienlaikus valsts valodas politika nodrošina iespēju saglabāt, attīstīt un lietot minoritāšu valodas dažādās jomās. Valdība cenšas risināt lingvistiskās segregācijas problēmu, veicinot bilingvālo izglītību un nosakot prasību vidusskolām vismaz 60% mācību priekšmetu pasniegt latviešu valodā.

Šo pasākumu rezultātā pašlaik vairāk nekā 75% iedzīvotāju, kuru dzimtā valoda ir krievu valoda, ir labas vai viduvējas latviešu valodas zināšanas, tostarp gandrīz visiem (94%) jauniešiem vecumā no 17 līdz 25 gadiem ir ļoti labas latviešu valodas zināšanas [5].

Latvijā nereti dzirdamas sūdzības par nemitīgi pieaugošo anglicismu lietošanu latviešu valodā, un dažkārt pat paustas bažas, ka latviešu valodā ieviesīsies pārmērīgi daudz angļu valodas vārdu un frāžu. Tomēr latviešu valodas iekšējā sistēma ir izdzīvojusi pat pēc apjomīgas un daudzveidīgas saskares ar citām valodām (krievu, angļu, vācu, poļu, zviedru), un valoda ir saglabājusi stabilitāti. Neraugoties uz to, ir jāatzīst, ka pēc gadsimtiem ilgas svešzemju kundzības mūsdienu latviešu valodas leksikā un morfoloģijā var novērot plašu minēto svešvalodu ietekmi — aizguvumus, kalkus un aizgūtas, pilnībā asimilētas idiomas.

Neizzust mūsu skaistajiem latviešu valodas vārdiem un frāzēm var palīdzēt to bieža un apzināta lietošana; valodnieku polemika par svešvalodu ietekmi un oficiāli noteikumi parasti nav iedarbīgi. Visvairāk mums jāuztraucas nevis par valodas pakāpenisko pārangliskošanos, bet par tās pilnīgu izspiešanu no galvenajām sadzīves jomām.

Valodas situācija ir atkarīga ne tikai no tā, cik cilvēku tajā runā, cik grāmatu tajā izdots un filmu uzņemts vai cik televīzijas kanālu tajā pārraida, bet arī no valodas lietojuma digitālās informācijas telpā un datorprogrammās. Šajā jomā latviešu valodas pozīcijas nav tik labas. Mazāk nekā 0,1% pasaules tīmekļa vietņu ir latviešu valodā, un tas ir mazāk nekā lietuviešu vai slovēņu valodā pieejamo vietņu [6]. Kaut gan ir pieejamas vairāku globālu programmproduktu versijas latviešu valodā, daudz lietotāju labprātāk izvēlas angļu vai krievu valodas versiju.

Valodu tehnoloģijas jomā latviešu valodai nav īpaši laba tehnoloģiju un resursu nodrošinājuma. Kaut gan ir izstrādātas lietojumprogrammas un rīki, kas paredzēti pareizrakstības un gramatikas pārbaudei, teksta marķēšanai un vārdšķiru noteikšanai, tomēr ir arī pietiekami būtiski un steidzami novēršami trūkumi. It īpaši pietrūkst runas tehnoloģiju risinājumu un lielu un kvalitatīvu valodas resursu. Ir pieejamas elektroniskās vārdnīcas un lietojumprogrammas, kas paredzētas mašīntulkošanai latviešu valodā un no latviešu valodas svešvalodā. Kaut gan tās lieti noder, lai gūtu vispārīgu priekšstatu par svešvalodā sarakstīta teksta jēgu, tās vēl nevar izmantot, lai iegūtu lingvistiski un idiomātiski pareizus tulkojumus.

Informācijas un sakaru tehnoloģijas joma gatavojas nākamajai revolūcijai. Nākamās paaudzes tehnoloģija, kas mūsu dzīvē ienāks pēc personālajiem datoriem, tīkliem, miniaturizācijas, multivides, mobilajām ierīcēm un mākoņdatošanas, būs programmatūra, kas uztvers tekstuālus vai balsī izteiktus teikumus un lietotājiem būs daudz noderīgāka, jo "sapratīs" lietotājus un varēs sazināties ar viņiem lietotāju dzimtajā valodā. Šādu gaidāmo risinājumu priekšteči ir bezmaksas tiešsaistes pakalpojums *Google tulkotājs*, kas tulko tekstu daudzās valodās, IBM superdators *Watson*, kas uzvarēja spēles *Jeopardy* ASV čempionu, un produktam *iPhone* paredzētais *Apple* mobilais palīgs *Siri*, kas reaģē uz balss komandām un atbild uz jautājumiem angļu, vācu, franču un japāņu valodā.

Nākamā informācijas tehnoloģijas paaudze būs apguvusi cilvēku valodas tādā pakāpē, ka dažādu tautību cilvēki spēs sazināties, izmantojot šo tehnoloģiju savā dzimtajā valodā. Ierīces pratīs automātiski atrast svarīgākās ziņas un informāciju pasaules digitālajā zināšanu krātuvē, reaģējot uz viegli lietojamām balss komandām. Tehnoloģija, kas prot lietot valodu, varēs tulkot automātiski vai palīdzēt tulkiem darbā, sagatavot sarunu un dokumentu kopsavilkumus un būs noderīga mācībās. Piemēram, tās izmantošana vietējiem uzņēmumiem atvieglos klientu atrašanu ārzemēs, bet imigrantiem — latviešu valodas apguvi un pilnvērtīgāku integrēšanos sabiedrībā.

Nākamā informācijas un sakaru tehnoloģijas paaudze ļaus rūpniecības un pakalpojumu sfēras robotiem (kas pašlaik tiek izstrādāti pētniecības laboratorijās) "saprast" lietotāju vēlmes un sarunāties ar tiem.

Darbība šajā līmenī nozīmē krietni vairāk par rakstzīmju apstrādi vai vienkāršu leksikonu izpratni, pareizrakstības vai pareizrunas pārbaudi. Tehnoloģijas izstrādē vairs nepietiek ar vienkāršotu pieeju, ir jāķeras pie visaptverošas valodas modelēšanas, ņemot vērā sintaksi un semantiku, lai izprastu cilvēka uzdoto jautājumu būtību un spētu sniegt pilnvērtīgas un precīzas atbildes. Ne visas Eiropas valodas ir līdzvērtīgi sagatavojušās šim nākotnes uzdevumam. Angļu valodas tehnoloģiskais nodrošinājums ir ievērojami plašāks nekā latviešu valodai, un šī nevienlīdzība arvien palielinās. Tas ir vērojams ne tikai salīdzinājumā ar lielākajām valodām, bet arī ar mazākām valodām, kam ir bijis pieejams sistemātisks valsts atbalsts valodu tehnoloģiju izstrādē.

Valodu tehnoloģija Latvijā nekad nav bijusi prioritāra pētniecības joma. Mūsu valstī nav īpašas valodas tehnoloģijas programmas, pētniecības un izstrādes darbs ir fragmentārs un galvenokārt tiek organizēts īstermiņa projektos, kas sarežģī lielāka apjoma resursu izstrādi un iestāžu sadarbību ilgtermiņā. Ir maz mācību kursu, kas būtu saistīti ar valodas tehnoloģiju. Tomēr 2005.–2009. gadā valsts pētniecības programmās informācijas un komunikāciju tehnoloģiju (IKT) jomā un latviešu valodas pētniecības programmās ir īstenoti vairāki sekmīgi projekti. Pēc tam valodas tehnoloģijai sniegtais atbalsts ievērojami samazinājās, tāpēc tika īstenoti tikai daži pasākumi semantikas, kontrolētās valodas un mašīntulkošanas jomā. Tomēr pētniecības institūtu un universitāšu izpētes potenciāls joprojām ir liels.

Līdztekus pētniecības centriem un universitātēm vērā ņemami sasniegumi ir bijuši novatoriskiem valodas tehnoloģijas izstrādes uzņēmumiem. Pievēršot uzmanību praktiski izmantojamām lietojumprogrammām un strādājot nozīmīgos Eiropas mēroga sadarbības projektos, īpaši ievērojams progress sasniegts tulkošanas tehnoloģiju jomā.

Katrā starptautiskā tehnoloģiju salīdzinājumā ir vērojama tendence, ka angļu valodas automātiskās analīzes rezultāti ir ievērojami labāki nekā citu valodu, arī latviešu valodas, analīzes rezultāti. Daudzi pētnieki uzskata — atpalicības cēlonis ir tas, ka pēdējos piecdesmit gadus datorlingvistikas metožu un algoritmu izstrādē un valodas tehnoloģijas lietojamības pētījumos uzmanība pirmām kārtām tiek pievērsta angļu valodai. Savukārt citi pētnieki uzskata, ka angļu valoda savu īpašību dēļ ir labāk piemērota datorapstrādei. Izmantojot pašlaik pieejamās metodes, arī tekstu franču un spāņu valodā ir daudz vieglāk apstrādāt nekā tekstu latviešu valodā. Tas nozīmē — ja vēlamies tajās privātās un darba dzīves jomās, kurās lietojam latviešu valodu, izmantot nākamās paaudzes informācijas un komunikācijas tehnoloģiju, ir nepieciešami mērķtiecīgi, sistemātiski un ilgtspējīgi pētījumi.

Latviešu valodai nedraud tūlītējas briesmas; tādas nerada pat angļu valodai izstrādāto valodas tehnoloģiju lielais pārākums. Tomēr situācija var radikāli mainīties, ja jaunās paaudzes tehnoloģijas patiešām efektīvi apgūs cilvēku valodu. Tādi valodas tehnoloģijas sasniegumi kā kvalitatīva mašīntulkošana palīdzēs pārvarēt valodas barjeras, taču šie sasniegumi būs lietojami tikai valodās, kas izdzīvos digitālajā pasaulē. Ja būs pieejams pietiekami daudz pieņemamas kvalitātes valodas tehnoloģijas risinājumu, valoda spēs izdzīvot arī tad, ja tās lietotāju skaits būs neliels. Ja šis priekšnosacījums netiks izpildīts, pat lielākas valodas var kļūt apdraudētas. Lai latviešu valoda arī turpmāk būtu dzīvotspējīga valoda attīstītajā pasaulē, tai jābūt pieejamiem atbilstošiem IT risinājumiem. Tāpēc valsts valodas politikai jānodrošina sistemātisks darbs valodas tehnoloģijas jomā un tam nepieciešamie ieguldījumi.

RISKS MŪSU VALODĀM UN IZAICINĀJUMS VALODU TEHNOLOĢIJĀM

Mēs esam liecinieki digitālajai revolūcijai, kas atstājusi milzu ietekmi uz saziņu un sabiedrību. Pēdējie digitālās informācijas un sakaru tehnoloģijas jaunumi nereti tiek salīdzināti ar Johana Gūtenberga izgudroto iespiedpresi. Ko šis salīdzinājums varētu mums pavēstīt par Eiropas informācijas sabiedrības nākotni un jo īpaši par mūsu valodām?

Pašlaik mēs esam liecinieki digitālajai revolūcijai, ko var salīdzināt ar Johana Gūtenberga izgudroto iespiedpresi.

Gūtenberga izgudrojums radīja iespēju īstenot patiesus jaunievedumus saziņas un zināšanu apmaiņas jomā, piemēram, Lutera Bībeles tulkojumu dažādās valodās. Nākamajos gadsimtos kultūras jomā notiekošā attīstība veicināja valodu apstrādi un zināšanu apmaiņu:

- lielāko valodu ortogrāfiskā un gramatiskā standartizācija veicināja jaunu zinātnisku un intelektuālu ideju ātru izplatīšanos;
- oficiālo valodu attīstība sniedza pilsoņiem iespēju sazināties noteiktās nozarēs (piemēram, politikā);
- valodu mācīšana un tulkošana radīja saziņas iespējas dažādu valodu lietotājiem;
- rediģēšanas un bibliogrāfisko vadlīniju izveide nodrošināja drukāto materiālu kvalitāti un pieejamību;
- dažādu masu saziņas līdzekļu, piemēram, grāmatu, laikrakstu, radio, televīzijas, izveide apmierināja dažādas saziņas vajadzības.

Pēdējo divdesmit gadu laikā informācijas tehnoloģijas ir automatizējušas un atvieglojušas daudzus procesus:

- datorizdevniecības programmatūra ir aizstājusi mašīnrakstītāju un burtliču darbu;
- programma *Microsoft PowerPoint* ir nomainījusi projicēšanas iekārtu transparentus;
- e-pasts nosūta un saņem dokumentus daudz ātrāk nekā faksa aparāts;
- *Skype* piedāvā lētas tālsarunas internetā un virtuālas sanāksmes;
- audio un video kodēšanas formāti atvieglo apmaiņu ar multivides saturu;
- meklētājprogrammas nodrošina piekļuvi tīmekļa lapām, izmantojot atslēgvārdus;
- tiešsaistes pakalpojumi, piemēram, *Google tulkotājs*, piedāvā ātrus, aptuvenus tulkojumus;
- sociālās saziņas platformas, piemēram, *Facebook*, *Twitter* un *Google+*, atvieglo saziņu, sadarbību un informācijas koplietošanu.

Lai gan šādi rīki un lietojumprogrammas ir noderīgi, tomēr pagaidām tie vēl nespēj sniegt vajadzīgo atbalstu ilgtspējīgai daudzvalodu Eiropas sabiedrībai, kurai nepieciešama brīva informācijas un preču plūsma.

2.1 VALODU BARJERAS KĀ ŠĶĒRSLIS EIROPAS INFORMĀCIJAS SABIEDRĪBĀ

Mēs nespējam prognozēt, kāda tieši būs nākotnes informācijas sabiedrība. Tomēr pastāv liela varbūtība, ka revolūcija sakaru tehnoloģijā piedāvās kardināli jaunas metodes, lai cilvēki, kas runā dažādās valodās, varētu saprasties. Tas veicina jaunu valodu apguvi un izstrādātājus īpaši mudina izveidot jaunas lietojumprogrammas, kuras varētu nodrošināt savstarpēju saprašanos un piekļuvi kopīgajām zināšanām. Izmantojot jaunus multivides līdzekļus, globālajā ekonomikas un informācijas telpā mijiedarbība starp daudzām valodām, to lietotājiem un saturu notiek daudz ātrāk. Sociālās saziņas vietņu (*Vikipēdija, Facebook, Twitter, YouTube, Google+*) šā brīža popularitāte ir tikai aisberga virsotne.

Globālās ekonomikas un informācijas telpas izaicinājums ir daudzās valodas, to lietotāji un saturs.

Mūsdienās mēs varam dažās sekundēs izsūtīt teksta gigabaitus pa visu pasauli un tikai tad saprast, ka tie ir citiem nesaprotamā valodā. Saskaņā ar Eiropas Komisijas neseno ziņojumu 57% interneta lietotāju Eiropā iegādājas preces un pakalpojumus valodās, kas nav viņu dzimtā valoda (visbiežāk izmantotā valoda ir angļu valoda, tai seko franču, vācu un spāņu valoda). 55% lietotāju prot lasīt tekstu kādā svešvalodā, bet tikai 35% lietotāju izmanto citu valodu, lai rakstītu e-pasta ziņojumus vai nosūtītu komentārus tīmeklī [7]. Pirms pāris gadiem angļu valoda kalpoja par saziņas valodu tīmeklī, jo lielākā daļa satura tajā bija angļu valodā, toties tagad situācija ir būtiski mainījusies. Tīmekļa satura apjoms citās Eiropas valodās (kā arī Āzijas un Tuvo Austrumu valodās) ir strauji pieaudzis.

Pārsteidzoši, bet visaptverošā digitālā plaisa valodu barjeru dēļ nav guvusi lielu sabiedrības uzmanību, toties tā uzdod kādu svarīgu jautājumu: kuras no Eiropas valodām uzplauks informācijas un zināšanu sabiedrībā, bet kurām būs lemts izzust?

2.2 MŪSU APDRAUDĒTĀS VALODAS

Iespiedprese palīdzēja pāriet uz citu informācijas apmaiņas līmeni Eiropā, bet vienlaikus izraisīja daudzu Eiropas valodu izzušanu. Drukas darbi reti tika iespiesti reģionālajās un mazākumtautību valodās. Tādas valodas kā kornvoliešu un dalmāciešu valoda tika lietotas galvenokārt mutiski, tā samazinot to lietošanas jomu. Vai internetam būs tāda pati ietekme uz mūsu valodām?

Eiropas valodu daudzveidība ir viena no tās vērtīgākajām un svarīgākajām kultūras bagātībām.

Apmēram 60 Eiropā runātās valodas ir viena no tās vērtīgākajām un nozīmīgākajām kultūras bagātībām, kā arī īpašā sabiedrības modeļa neatņemama sastāvdaļa [8]. Tādas valodas kā angļu un spāņu, visticamāk, noturēs savas pozīcijas augošajā digitālajā tirgū, bet daudzas Eiropas valodas tīmekļa sabiedrībā var kļūt nevajadzīgas. Tas novājinātu Eiropas globālo stāvokli un būtu pretrunā ar stratēģisko mērķi nodrošināt ikviena Eiropas pilsoņa līdzdalību sabiedriskajā dzīvē neatkarīgi no valodas. Saskaņā ar UNESCO ziņojumu par daudzvalodību valodas ir svarīgs priekšnoteikums, lai tiktu īstenotas tādas cilvēka pamattiesības kā izteikšanās brīvība, tiesības uz izglītību un līdzdalību sabiedriskajā dzīvē [9].

2.3 VALODU TEHNOLOĢIJAS – KRITISKI SVARĪGAS TEHNOLOĢIJAS

Agrāk galvenie centieni valodu saglabāšanā tika vērsti uz valodu mācīšanu un tulkošanu. Saskaņā ar aprēķiniem rakstiskās un mutiskās tulkošanas, programmatūras lokalizācijas un tīmekļa vietņu globalizācijas izmaksas Eiropas tirgū 2008. gadā bija EUR 8,4 miljardi, un tiek lēsts, ka šī summa ik gadu pieaugs par 10% [10]. Tomēr šis skaitlis ir tikai maza daļa no tā ieguldījuma, kas gan pašlaik, gan nākotnē būs nepieciešams saziņai starp valodām. Vislabākais risinājums valodu lietojuma paplašināšanai nākotnes Eiropā ir atbilstošu tehnoloģiju izmantošana — tieši tāpat, kā mēs izmantojam tehnoloģijas, lai risinātu, piemēram, ar transportu, siltumapgādi vai invaliditāti saistītās vajadzības.

Valodu tehnoloģijas palīdz cilvēkiem sadarboties un dalīties zināšanās dažādās valodās.

Digitālās valodu tehnoloģijas (attiecas uz visiem rakstiskās un runātās valodas veidiem) palīdz cilvēkiem sadarboties, kārtot darījumus, dalīties zināšanās un piedalīties sociālās un politiskās diskusijās — neatkarīgi no valodu barjerām un datorprasmēm. Bieži tās ir nemanāmi iekļautas sarežģītās programmatūras sistēmās, lai mums palīdzētu:

- atrast informāciju, izmantojot interneta meklētājprogrammas;
- tekstapstrādes programmā pārbaudīt pareizrakstību un gramatiku;
- skatīt ieteikumus par precēm tiešsaistes veikalā;
- noklausīties automašīnas navigācijas sistēmas mutiskās norādes;
- tulkot tīmekļa lapas, izmantojot tiešsaistes pakalpojumus.

Valodu tehnoloģijas ietver vairākas pamata lietojumprogrammas, kas nepieciešamas visdažādākajām sistēmām un lietojumiem. META-NET valodai veltīto balto grāmatu mērķis ir pievērst uzmanību šo pamattehnoloģiju gatavības līmenim katrā Eiropas valodā.

Eiropai ir vajadzīgas stabilas un pieejamas valodu tehnoloģijas visām Eiropas valodām.

Lai Eiropa spētu saglabāt savu vadošo lomu globālajā pasaulē, tai būs nepieciešamas visām Eiropas valodām pielāgotas valodu tehnoloģijas, kas ir stabilas, viegli pieejamas un iekļautas plaši lietotās ierīcēs un sistēmās. Lai viedierīču un datoru lietotājiem nodrošinātu patiesi efektīvas, interaktīvas multivides un daudzvalodu iespējas, jau tuvākā nākotnē neiztikt bez valodu tehnoloģijām.

2.4 VALODU TEHNOLOĢIJU IESPĒJAS

Grāmatu iespiešanas jomā liels tehnoloģiju sasniegums bija teksta (lapas) attēla ātra pavairošana, izmantojot piemērotu iespiedpresi. Taču vēl aizvien melno darbu veica cilvēki, kas uzmeklēja, lasīja, tulkoja un apkopoja zināšanas. Lai varētu ierakstīt runāto valodu, nācās gaidīt Tomasa Edisona izgudrojumu, bet arī viņa ieviestā tehnoloģija tikai veidoja analogas kopijas.

Digitālās valodu tehnoloģijas tagad var automatizēt visu Eiropas valodu tulkošanas, satura radīšanas un zināšanu pārvaldības procesu. Tās arī nodrošina iespēju sadzīves elektronikā, iekārtās, transportlīdzekļos, datoros un robotos lietot intuitīvi saprotamu interfeisu, kurā par pamatu izmantota valoda/runa. Tirdzniecībā un rūpniecībā izmantotās lietojumprogrammas joprojām ir to attīstības pirmsākumos, tomēr pētniecības un izstrādes sasniegumi paver ceļu nebijušām iespējām. Piemēram, atsevišķās nozarēs mašīntulkošanas programmu rezultāti ir jau diezgan precīzi, un eksperimentālās lietojumprogrammas nodrošina iespēju pārvaldīt informāciju un zināšanas vairākās valodās, kā arī veido saturu daudzās Eiropas valodās.

Kā jau tas parasti notiek, arī valodu tehnoloģiju attīstības pirmsākumos lietojumprogrammas (piemēram, lietotāja interfeiss un dialogu sistēmas, kuru pamatā izmantota balss) bija paredzētas ļoti specifiskām nozarēm, un to iespējas nereti bija ierobežotas. Tomēr izglītības un izklaides jomā valodu tehnoloģijām ir visplašākās tirgus iespējas. Tās var izmantot spēlēs, kultūras mantojuma vietnēs, izglītojošās izklaides materiālos, bibliotēkās, simulācijas vidēs un mācību programmās. Mobilie informācijas pakalpojumi, datorizēta valodu apguves programmatūra, e-mācību vide, pašnovērtēšanas rīki un plaģiāta atklāšanas programmatūra ir tikai dažas no jomām, kurās valodu tehnoloģijām var būt ļoti liela nozīme. Sociālās multivides lietojumprogrammu, piemēram, *Twitter* un *Facebook*, popularitāte rosina domāt par vajadzību pēc gudrām valodu tehnoloģijām. Tās varētu izmantot, lai pārraudzītu publicēto informāciju, apkopotu diskusijas un populārākos viedokļus, analizētu emocionālos vērtējumus, identificētu autortiesību pārkāpumus un ļaunprātīgas izmantošanas gadījumus.

Valodu tehnoloģijas palīdz pārvarēt valodu daudzveidības radītos šķēršļus.

Valodu tehnoloģiju izmantošana var būt lielisks risinājums ar Eiropas Savienības daudzvalodību saistītajām sarežģītajām problēmām. Eiropas uzņēmumos, organizācijās un skolās līdzās pastāv dažādas valodas. Raugoties Eiropas Savienības kartē, varam iztēloties, ka tā ir krustām šķērsām pārdalīta neredzamām valodu robežām. Taču, lai pilsoņi varētu savā starpā sazināties, šīs robežas ir jāpārvar, un valodu tehnoloģijas var mums palīdzēt, vienlaikus arī atbalstot atsevišķu valodu neierobežotas lietošanas iespējas. Raugoties vēl tālākā nākotnē, Eiropas novatoriskās daudzvalodu tehnoloģijas būs labs paraugs mūsu globālajiem partneriem, kad viņi sāks veidot savas daudzvalodu kopienas. Valodu tehnoloģijas ir neaizstājams atbalsts valodiskās daudzveidības šķēršļu pārvarēšanā un valodu kopienu savstarpējā saziņā.

Visbeidzot — šobrīd tiek aktīvi pētītas iespējas, kā valodu tehnoloģijas izmantot glābšanas darbos nelaimes piemeklētos apgabalos, kad ātra darbība ir dzīvības un nāves jautājums. Ļoti iespējams, ka nākotnes inteliģentie roboti ar starpvalodu prasmi varēs glābt cilvēku dzīvības.

2.5 VALODU TEHNOLOĢIJU IESPĒJAMIE IZAICINĀJUMI

Kaut gan dažos pēdējos gados valodu tehnoloģijas ir ievērojami progresējušas, pašreizējais tehnoloģiskās attīstības un novatorisku produktu izstrādes temps ir pārāk gauss. Tādas plaši izmantotas tehnoloģijas kā pareizrakstības un gramatikas pārbaude tekstapstrādes programmās parasti ir vienā valodā un ir pieejamas tikai dažām valodām. Tiešsaistes mašīntulkošanas pakalpojumi piedāvā ātru un pieņemamas kvalitātes aptuveno tulkojumu, taču šos pakalpojumus nevar izmantot, ja nepieciešams precīzs un pilnīgs tulkojums. Tā kā cilvēku valoda ir sarežģīta, tās atveide programmatūrā un pārbaude praksē prasa daudz laika un līdzekļu. Tāpēc Eiropai jāsaglabā vadošā loma daudzvalodu kopienas tehnoloģijas izaicinājumu pārvarēšanā, ieviešot jaunas metodes, lai paātrinātu tehnoloģisko attīstību visā pasaulē. Tās var būt gan progresīvas metodes skaitļošanā, gan dažādi paņēmieni, piemēram, interneta lietotāju iesaiste datu apstrādē.

Pašreizējais tehnoloģiskā progresa temps ir pārāk gauss.

2.6 VEIDS, KĀ VALODAS APGŪST CILVĒKI UN MAŠĪNAS

Lai parādītu, kā datori apstrādā valodu un kāpēc datorus ir grūti ieprogrammēt apstrādāt atšķirīgas valodas, aplūkosim veidu, kā pirmo un otro valodu apgūst cilvēki, un pēc tam aplūkosim, kā darbojas valodu tehnoloģiju sistēmas. Cilvēki valodu apgūst divējādi. Mazi bērni valodu iemācās, klausoties, kā sarunājas viņu vecāki, māsas, brāļi un citi ģimenes locekļi. Apmēram divu gadu vecumā bērni sāk izrunāt pirmos vārdus un īsas frāzes. To nodrošina cilvēku ģenētiskā spēja dzirdēto atdarināt un pēc tam to pārvērst jēdzienos.

Cilvēki valodu prasmes apgūst divējādi: mācoties piemērus un valodas pamatā esošos likumus.

Vēlāk, apgūstot otru valodu, jau ir nepieciešama lielāka piepūle, jo bērns vairs neatrodas tādā valodas kopienā, kurai apgūstamā valoda būtu dzimtā. Skolā svešvalodu apguve parasti notiek, iegaumējot gramatikas struktūru, vārdus un pareizrakstību, izmantojot vingrinājumus, kas valodu zināšanas parāda abstraktu likumu, tabulu un piemēru veidā. Jo vecāki kļūstam, jo grūtāk ir apgūt kādu svešvalodu.

Līdzīgi valodas apgūst abu kategoriju valodu tehnoloģiju sistēmas. Statistiskā (jeb datos balstītā) metode iegūst lingvistiskās zināšanas no apjomīgas konkrētu tekstu paraugu kolekcijas. Lai iemācītu, piemēram, veikt pareizrakstības pārbaudi, pietiek ar tekstu vienā valodā, bet, lai trenētu mašīntulkošanas sistēmu, ir nepieciešami paralēli teksti divās (vai vairākās) valodās. Tad mašīnmācīšanās algoritms "apgūst" modeļus, pēc kuriem tiek tulkoti vārdi, īsas frāzes un veseli teikumi.

Līdzīgi valodas apgūst arī abu kategoriju valodu tehnoloģiju sistēmas.

Šai statistiskajai metodei var būt nepieciešams miljoniem teikumu, un kvalitāte pieaug atbilstoši analizētā teksta apjomam. Tas ir viens no iemesliem, kāpēc meklētājprogrammu izstrādātāji vēlas apkopot pēc iespējas vairāk rakstīta materiāla. Pareizrakstības pārbaude tekstapstrādes programmās un tādi pakalpojumi kā *Google meklēšana* un *Google tulkotājs* balstās uz statistisko metodi. Statistikai ir būtiska priekšrocība: mašīnu var ātri trenēt secīgās apmācības ciklu sērijās, pat ja kvalitāte būtiski atšķiras.

Otra metode, ko izmanto valodu tehnoloģijās un īpaši mašīntulkošanā, ir likumos balstītas sistēmas. Lingvistikas, datorlingvistikas un datorzinātņu jomu eksperti vispirms apraksta valodas likumus ar formāliem līdzekļiem un izveido leksikas krājumus (leksikonus). Tas prasa daudz laika un pūļu. Dažas vadošās likumos balstītās mašīntulkošanas sistēmas atrodas pastāvīgā izstrādes stadijā jau vairāk nekā divdesmit gadus. Likumos balstītajām sistēmām ir būtiska priekšrocība: ekspertiem ir daudz lielākas iespējas kontrolēt valodas apstrādi. Tas ļauj sistemātiski labot kļūdas programmatūrā un sniegt detalizētus skaidrojumus lietotājiem, jo īpaši, ja likumos balstītās sistēmas tiek izmantotas valodas mācīšanā. Lielo izmaksu dēļ likumos balstītās valodu tehnoloģijas līdz šim ir attīstītas tikai lielākajām valodām. Tā kā statistisko un likumos balstīto sistēmu priekšrocības un trūkumi ir komplementāri, pašlaik pētījumi tiek koncentrēti uz hibrīdpieejām, kas apvieno abas šīs metodoloģijas. Tomēr līdz šim rūpnieciskajā izmantojumā šīs pieejas nav bijušas tik veiksmīgas kā pētniecības laboratorijās.

Kā izklāstīts šajā sadaļā, mūsdienu informācijas sabiedrībā daudzu lietojumprogrammu darbība lielā mērā ir atkarīga no valodu tehnoloģijām. Jo īpaši tas vērojams Eiropas ekonomiskajā un informācijas telpā, kurai raksturīga daudzvalodu kopiena. Kaut gan dažos pēdējos gados valodu tehnoloģijas ir ievērojami progresējušas, joprojām pastāv daudz iespēju uzlabot valodu tehnoloģiju sistēmu kvalitāti. Tālāk aplūkosim latviešu valodas lomu Eiropas informācijas sabiedrībā un novērtēsim pašreizējo valodu tehnoloģiju stāvokli latviešu valodai.

3

LATVIEŠU VALODA EIROPAS INFORMĀCIJAS SABIEDRĪBĀ

3.1 VISPĀRĪGI FAKTI

Latviešu valoda ir vienīgā valsts valoda Latvijas Republikā, viena no Eiropas Savienības oficiālajām valodām. Visā pasaulē latviešu valoda ir dzimtā valoda apmēram 1,5 miljoniem iedzīvotāju. No tiem 1,2 miljoni dzīvo Latvijā, bet pārējie izkaisīti ASV, Krievijā, Austrālijā, Kanādā, Lielbritānijā, Vācijā, Īrijā, kā arī Lietuvā, Igaunijā, Zviedrijā, Brazīlijā un vēl citās valstīs. Lai arī latviešu valodas pratēju ir salīdzinoši maz, starp 6900 pasaules valodām tā ir 150. vietā runājošo skaita ziņā. Papildus savai dzimtajai valodai latviešu valodu māk vismaz 500 000 cittautiešu. Kopš neatkarības atgūšanas 1990. gadā latviešu valoda ir valsts valoda, un šis statuss attiecas uz visām valodas lietošanas jomām. Tāpēc aizvien vairāk Latvijā dzīvojošo minoritāšu pārstāvju runā arī latviski. Pēc 1989. gada tautas skaitīšanas datiem tolaik latviski runāja apmēram 23% Latvijas minoritāšu pārstāvju. Saskaņā ar 2000. gada tautas skaitīšanas datiem nacionālo minoritāšu vidē latviešu valodas pratēju skaits bija pieaudzis līdz 53%.

Latviešu valoda ir viena no senākajām valodām Eiropā.

Visā pasaulē latviešu valoda ir dzimtā valoda apmēram 1,5 miljoniem iedzīvotāju, no kuriem 1,2 miljoni dzīvo Latvijā.

2011. gada tautas skaitīšanas dati liecina, ka Latvijā dzīvo vairāk nekā 170 tautību iedzīvotāji. Zemās dzimstības dēļ kopš iepriekšējās tautas skaitīšanas visu lielāko tautību pārstāvju skaits Latvijā ir samazinājies. Piemēram, latviski runājošo cilvēku skaits ik gadu samazinās par 5000 (0,3%). Tomēr pamattautības — latviešu — īpatsvars iedzīvotāju kopskaitā valstī kopumā ir pieaudzis no 57,7% 2000. gadā līdz 62,1% pašreiz. Krievu tautības iedzīvotāju īpatsvars samazinājies no 29,6% 2000. gadā līdz 26,9% 2011. gadā, baltkrievu — no 4,1% līdz 3,3%, ukraiņu — no 2,7% līdz 2,2%, poļu — no 2,5% līdz 2,2%, lietuviešu — no 1,4% līdz 1,2% [11].

Latviešu valoda ir dzimtā valoda 95,6% latviešu. No nacionālajām minoritātēm latviešu valodu par savu dzimto valodu visbiežāk uzskata lietuvieši (42,5%), igauņi (39,2%) un vācieši (24,6%). Salīdzinājumam — 39,6% Latvijas pilsoņu dzimtā valoda ir krievu valoda. Lielam skaitam citu nacionālo minoritāšu (ebrejiem, baltkrieviem, ukraiņiem, poļiem) dzimtā un ikdienas saziņas valoda ir krievu valoda.

Lai gan nereti uzskatīta par jaunas valsts jauno valodu, patiesībā latviešu valoda ir viena no senākajām Eiropas valodām, un tai ir daudz kopīga ar sanskritu — vislīdzīgāko oriģinālajai indoeiropiešu valodai. Latviešu valoda pieder indoeiropiešu valodu saimes baltu valodu zaram. Baltu valodas iedala austrumbaltu un rietumbaltu valodās. Mūsdienās pastāv vairs tikai divas dzīvas baltu valodas — latviešu un lietuviešu (abas pieder austrumbaltu valodām). Lai arī latviešu valoda ir radniecīga lietuviešu valodai, tomēr abu valodu runātāji brīvi saprasties nespēj. Abu valodu līdzība ir apmēram tāda pati kā spāņu un itāļu vai krievu un poļu valodai. Latviešu valodā ir trīs dialekti (vidus dialekts, lībiskais dialekts un augšzemnieku dialekts) un vairāk nekā 500 vietējo dialektu vai izlokšņu. Šos atsevišķos dialektus ietekmē standartizācija, sociālie un kultūrvēsturiskie faktori, un tie tiek uzlaboti un pielāgoti literārajai valodai. Latviešu literārās valodas pamatā ir vidus dialekts.

Latviešu rakstu valoda pastāv jau apmēram 400 gadu. Vissenākās liecības par latviešu rakstu valodu ir 16. gadsimta raksti gotu rakstā, kad saskaņā ar reformācijas idejām garīdzniecības pārstāvji mēģināja mazināt šķirtni starp vietējiem zemniekiem un ģermāņu izcelsmes muižniekiem. Pirmais nozīmīgākais sasniegums latviešu valodas attīstībā ir Bībeles tulkojums 1689. gadā. Nu latviešu valodā bija nozīmīgs literārs dokuments, un tajā lietotā valoda gadsimtiem ilgi ietekmēja latviešu rakstu valodas — tā sauktās vecās rakstības — attīstību. Tas noteica rakstu valodas standartu un bija ļoti nozīmīgs valodas atzīšanā. Šeit jāpiemin, ka pirmie rakstu darbi latviešu valodā galvenokārt bija tulkojumi un to autori bija baltvācieši. Baltvācieši izdeva arī latviešu gramatikas grāmatas, vārdnīcas, apkopoja un pierakstīja tautasdziesmas, tiem bija noteicoša ietekme uz valodas lietojumu. Pilnvērtīgi latviešu rakstu valodu sāka lietot tikai 19. gadsimtā, kad sākās nacionālās literatūras un kultūras attīstība un latviešu valodniecībai pievērsās paši latvieši. Gadsimtiem ilgās svešzemnieku valdīšanas sekas ir vērojamas arī mūsdienu latviešu valodas leksikā un morfoloģijā kā pilnībā valodā asimilēti aizguvumi, kalki un aizgūti izteicieni. Neskatoties uz plašo un daudzveidīgo saskarsmi ar citām valodām (vācu, poļu, zviedru, krievu, angļu valodu), latviešu valodas iekšējā sistēma ir saglabājusies un valoda joprojām ir stabila. Latviešu valodai ir raksturīga sarežģīta gramatiskā sistēma un lingvistisks konservatīvisms, tai pašā laikā tā pieļauj arī ārēju ietekmi.

20. gadsimta sākumā tika veikta nozīmīga reforma latviešu valodas ortogrāfijā, pārejot no gotu rakstības uz latīņu rakstību (ar diakritiskajām zīmēm). Kopš Otrā pasaules kara pastāv divas ortogrāfijas tradīcijas (ar nelielām atšķirībām): ortogrāfija, ko lieto Latvijā dzīvojošie latvieši, un tā, ko lieto emigrējušie latvieši. Turklāt Latvijas austrumu daļā pastāv arī latgaliešu ortogrāfijas tradīcija.

3.2 LATVIEŠU VALODAS SPECIFIKA

Datorlingvistiskajā apstrādē īpaša uzmanība jāpievērš vairākām latviešu valodas īpatnībām.

Viens no latviešu valodas stabilitātes un konkurētspējas priekšnoteikumiem ir tās augstā lingvistiskā kvalitāte un bagātās izteiksmes iespējas. Latviešu valodu raksturo šādas pazīmes:

- *Izruna gandrīz pilnībā atbilst rakstībai*
- *Locījumu dēļ pastāv daudz dažādu gramatisko formu un galotņu*
- *Liels apjoms atvasinātu vārdu un atvasināšanas veidu*
- *Brīva vārdu kārtība teikumā*
- *Gramatiskais un intonatīvais interpunkcijas princips*

Latviešu valodā izmanto fonomorfoloģisko rakstības principu.

Latviešu valodā tiek izmantots fonomorfoloģiskais rakstības princips. Latviešu rakstība gandrīz pilnībā atbilst izrunai (skaņas garuma, mīkstinājuma, kā arī šņācošas skaņas apzīmēšanai tiek lietotas diakritiskās zīmes), tādēļ tā tiek uzskatīta par vienu no labākajām ortogrāfijas sistēmām. Jauno ortogrāfiju (19. gs. beigās) veidoja pirmie latviešu inteliģences pārstāvji, kuri, meklējot vispiemērotākos līdzekļus latviešu skaņu sistēmas rakstiskajai atveidei, idejas smēlās citās valodās (piemēram, šņāceņiem tika izmantoti čehu valodas burti). Pirmais vārdu pareizrakstības nosacījums ir to pareiza izruna (ortoēpija). Latviešu valodā lielākoties katrai skaņai atbilst savs burts; dažos gadījumos vienu skaņu atveido ar diviem burtiem (*dz, dž*), dažos — vienam burtam atbilst divas skaņas (burts *e* attēlo šauro un plato [*e*] skaņu, burts *ē* — šauro un plato [*ē*] skaņu); ar burtu *o* attēlo trīs skaņas: īso patskani [*o*], garo patskani [*ō*] un divskani [*uo*]. Latviešu literārajā valodā tiek uzsvērta vārda pirmā zilbe, neskaitot dažus izņēmuma gadījumus. Garie patskaņi un divskaņi tiek izrunāti ar intonāciju neatkarīgi no to atrašanās vietas vārdā. Skaņu valodas zilbju intonācijas (3 veidi) ir viens no latviešu valodas retumiem, kas saglabāts no indoeiropiešu senās zilbes intonāciju sistēmas, kas sastopama tikai vēl arī lietuviešu, slovēņu un serbu valodā. Bet tas arī var sagādāt grūtības valodas apguvē un nereti radīt pārpratumus, jo garumzīme vai pat intonācija var mainīt vārda nozīmi (piemēram, *kazas* un *kāzas*; *zāle* stieptā intonācijā un *zāle* krītošā intonācijā). Vārdu izruna atkarībā no konteksta ir jāņem vērā ne tikai latviešu valodas apguvējiem, bet arī valodu tehnoloģiju izstrādātājiem.

Latviešu valoda ir sintētiski fleksīva valoda. Locīšanas dēļ pastāv daudz dažādu gramatisko formu un galotņu.

Latviešu valoda ir sintētiski fleksīva valoda. Vārdformas mainās atbilstoši gramatiskajai funkcijai. Tas nozīmē, ka lietvārdu, vietniekvārdu, īpašības vārdu, skaitļa vārdu un darbības vārdu galotnes mainās atkarībā no dažādām kategorijām. Galvenās latviešu valodas kategorijas ir dzimte, skaitlis, locījums, laiks, kārta, salīdzināmā pakāpe, persona, noteiktā un nenoteiktā galotne, izteiksme, atgriezeniskums. Katrai vārdšķirai ir atšķirīgas kategorijas. Vārdformas var darināt ne tikai ar galotni. Valodā pastāv arī bagātīga derivatīvo afiksu sistēma. Galotnes nav viennozīmīgas. Piemēram, latviešu valodā lietvārdiem ir 29 atšķirīgas galotnes, īpašības vārdiem — 24, bet darbības vārdiem — 28. Visām šīm trim vārdšķirām tikai puse no galotnēm ir viennozīmīgas, pārējos gadījumos no locījuma var iegūt vairākas pamatformas.

Latviešu valodā nav noteiktā vai nenoteiktā artikula. Noteiktību var norādīt īpašības vārdu galotnes. Tās var būt noteiktās galotnes (*-ais* vīriešu dzimtes vienskaitļa nominatīvā, piemēram, *lielais*, *garais*, un *-ā* sieviešu dzimtes vienskaitļa nominatīvā, piemēram, *lielā*, *garā*) vai nenoteiktās galotnes (*-s* vai *-š* vīriešu dzimtes vienskaitļa nominatīvā, piemēram, *liels*, *garš*, un *-a* sieviešu dzimtes vienskaitļa nominatīvā, piemēram, *liela*, *gara*).

Latviešu valodas struktūras dēļ pastāv ļoti bagātīgas vārddarināšanas iespējas. Vārdus visbiežāk darina morfoloģiski — pievienojot vārda celmam afiksus jeb priedēkļus un piedēkļus (vārda sastāvdaļas); retāk jaunus vārdus veido, darinot salikteņus; ir arī citi jaunu vārdu darināšanas paņēmieni. Jauno tehnoloģiju ienākšana ir pavērusi iespēju precīzāk analizēt jaunu vārdu un vārdformu darināšanas iespējas — aprēķini rāda, ka apmēram 40 vārddarināšanas afiksu kombinācijās iespējamo jauno vārdu vienību skaits varētu būt apmēram 40 miljoni.

Latviešu valodā vārdu kārtība teikumos ir relatīvi brīva.

Vārdu kārtība teikumā ir relatīvi brīva; sintaktisko saistību parādīšanai galvenokārt tiek izmantoti gramatiski līdzekļi — galotnes. Piemēram, teikumu *kaķis ķer peli* ar tiešu vārdu kārtību TIP (teikuma priekšmets, izteicējs, papildinātājs) var veidot arī ar vārdiem citā secībā: PIT — *peli ķer kaķis*, ITP — *ķer kaķis peli*, IPT — *ķer peli kaķis*. Visbiežāk nozīmīgākais vārds atrodas teikuma beigās. Tomēr parasti vārdu kārtība teikumā ir šāda: teikuma priekšmets, izteicējs, papildinātājs (*māsa lasa grāmatu*) vai teikuma priekšmets, izteicējs, apstākļa vārds (*zēns mācās labi*).

Interpunkcijas likumi latviešu valodā ir tik sarežģīti, ka, labi nezinot gramatiku, rakstīt ir gandrīz vai neiespējami. Latviešu interpunkcijā noteicošais ir gramatiskais interpunkcijas princips. Tas nozīmē, ka ar pieturzīmēm galvenokārt parāda teksta un teikuma daļu gramatisko saistījumu un dalījumu. Saskaņā ar šo principu ar pieturzīmēm atdala teikumus, salikta teikuma daļas, vienlīdzīgus teikuma locekļus u.tml.

Līdz ar gramatisko principu latviešu interpunkcijā nozīmīgs ir arī intonatīvais princips, pēc kura ar pieturzīmēm iezīmē pauzes, vārdu grupu izcēlumus. Intonatīvais princips papildina gramatisko principu, lai labāk parādītu teksta vai teikuma satura nianses.

3.3 JAUNĀKĀS ATTĪSTĪBAS TENDENCES

Lai arī laika gaitā ietekmi uz latviešu valodu ir atstājušas vairāk nekā desmit kontaktvalodu, sociāli nozīmīgākās valodu konkurences aspektā blakus latviešu valodai dažādos vēstures posmos ir bijušas vācu, krievu un angļu valoda.

Pēdējā gadu desmita laikā ir ievērojami pieaugusi angļu valodas ietekme. Aizguvumi no angļu valodas latviešu valodā ir vērojami jau vismaz gadsimtu, lai gan vācu un krievu valodas ietekme ir vēl senāka. Jaunākie aizguvumi ir ietekmējuši tādas mūsu dzīves jomas kā elektroniku, informācijas tehnoloģijas, mūziku, sportu, medicīnu, pārvaldi, politiku, kā arī sarunvalodu un žargonu. Plašā aizguvumu ienākšana sākās līdz ar ideoloģisko barjeru nojaukšanu, samazinot krievu valodas ietekmi un vairāk pievēršoties Rietumvalstīm. Valodas aspekti mainījās vienlaikus ar jaunām iespējām. Kaut gan agrāk Latvijas skolās angļu valoda bija viena no galvenajām svešvalodām (pēc obligātās krievu valodas), tai nebija nekāda praktiska lietojuma — līdzīgi kā latīņu valodai. Krasas izmaiņas sākās līdz ar politiskās brīvības pakāpenisku atgūšanu pagājušā gadsimta astoņdesmito gadu beigās.

Negatīvas tendences pašlaik vērojamas augstākās izglītības un zinātnes jomā. Līdzīgi kā daudzās Eiropas valstīs, arī Latvijā vērojama tendence arvien vairāk lietot angļu valodu, un tas apdraud latviešu valodas attīstību. Šī tendence var novest pie valodas izteiksmes līdzekļu trūkuma un līdz ar to — nespējas sazināties dzimtajā valodā noteiktās profesionālajās jomās. Negatīvas tendences vērojamas arī izklaides industrijā un banku un finanšu nozarē.

Satraukums par savu valodu latviešu sabiedrībā nerimst. Tas ir saistīts ne tikai ar valodas lietojumu, bet arī ar valodas kvalitāti. Tradicionālo orientieru maiņa atbilstoši globālajām tendencēm ir skārusi arī valodu. Globālajā un digitalizētajā jauno tehnoloģiju vidē valodai jādarbojas it kā paātrinātā režīmā, un sekas ir acīmredzamas: runātās un rakstu valodas normu nenoteiktība un svārstīgums, ideālā parauga un autoritatīvu ieteikumu trūkums utt. Sociālās un politiskās dzīves temps, izteiksmes līdzekļu agresivitāte plašsaziņas līdzekļu vidē pieprasa jaunus jēdzienus. Visērtāk bieži vien ir izvēlēties ātrumā radītas teksta klišejas. Oficiāli valodas attīstība netiek regulēta, un terminologi latviski pareizus apzīmējumus sabiedrībai piedāvā nepietiekami operatīvi. Neapdomīgi pieņemot ātrumā radītus vārdus, to lietotājs riskē tikt pārprasts.

Lai arī bieži vien svešvārdi var tikt sekmīgi aizstāti ar līdzvērtīgiem latviskiem darinājumiem vai piemērotiem aizguvumiem (piemēram, *ofšors — ārzona, kompjūters — dators*), procentuāli svešvārdu latviešu valodā vienmēr ir bijis daudz. Svešvalodās rakstītas informācijas apjomam pieaugot, pieaug tendence vienkārši transkribēt citas valodas vārdus, pievienojot tiem latvisku galotni. Pēc būtības tā ir atgriešanās 19. gadsimtā, kad plaši tika lietoti ģermānismi. Var uzskatīt, ka svešvārdu procentuālā attiecība nemitīgi pieaug atbilstoši pieprasījumam pēc jauniem jēdzieniem un paplašinoties vārdu krājumam. Lai gan pastāv raizes, ka latviešu valodā ir pārāk daudz svešvārdu, nav veikti pētījumi, kas šo uzskatu apstiprinātu.

3.4 VALODAS ATTĪSTĪBA LATVIJĀ

Latviešu valoda ir vienīgā valsts valoda Latvijas Republikā, kā to nosaka tiesību akti: 1922. gada Latvijas Republikas Satversmes 4. punkts, kas nosaka, ka valsts valoda Latvijas Republikā ir latviešu valoda, tika grozīts atbilstoši 1989. gada Valodu likumam un papildināts 1992. gadā un iestrādāts 1999. gada Valsts valodas likumā.

Latviešu valoda ir vienīgā valsts valoda Latvijas Republikā.

Lai labāk saprastu latviešu valodas politikas stratēģiju, ir svarīgi zināt tās vēsturisko pamatojumu. 16.–19. gadsimtā nozīmīgākās sociolingvistiskās funkcijas pildīja vācu valoda. Pēc Ziemeļu kara (1700.–1721. gads) Latvijas teritorija nonāca Krievijas pakļautībā, bet tika noslēgts īpašs līgums par vācu valodas lietošanu administratīvajā un kultūras jomā. Kopš 18. gadsimta beigām latviešu valoda attīstījās uz pastiprinātas vācu un krievu valodas konkurences fona. Latviešu valodas runātāji tika pakļauti slēptām un atklātām pārvācošanas un pārkrievošanas tendencēm. Rusifikācija pastiprinājās 19.–20. gs. mijā un ieguva draudošus apmērus padomju okupācijas laikā, kad Latvija bija iekļauta PSRS sastāvā. Rezultātā latviešu valoda gandrīz kļuva par izmirstošu valodu, jo, izņemot kultūras un daļēji izglītības jomu, visās pārējās jomās dominēja krievu valoda. Latvijas pamatiedzīvotāji paši savā zemē teju vai kļuva par minoritāti. Tagad valsts valodas politikas dēļ latviešu valodas situācija pamazām uzlabojas.

Īstenot latviešu valodas politiku ir sarežģīti un grūti izteikti augstās etnisko minoritāšu procentuālās attiecības dēļ (apmēram 40% no iedzīvotāju kopskaita). To skaitā ir krievi, baltkrievi, ukraiņi, poļi, lietuvieši, ebreji, čigāni, vācieši, tatāri, armēņi, igauņi un citas mazākumtautības. Slāvu minoritāšu pārstāvji tika pārkrievoti padomju okupācijas laikā, jo saskaņā ar komunistu ideoloģiju Latvijā drīkstēja būt tikai divas valodas — latviešu un krievu. Etniski sarežģītās un nestabilās situācijas dēļ, izstrādājot latviešu valodas politiku, tā pēc iespējas tika saskaņota ar starptautiskajiem cilvēktiesību dokumentiem. Tāpat tika ņemti vērā starptautisko ekspertu ieteikumi minoritāšu tiesību jautājumos.

Ieviest latviešu valodas politiku ir sarežģīti un grūti, jo etnisko minoritāšu procentuālā daļa ir ļoti liela.

Nacionālās identitātes, pilsoniskās sabiedrības un integrācijas politikas pamatnostādnes (2012–2018) ir dokuments, kas definē politiku nacionālās identitātes stiprināšanas, pilsoniskās sabiedrības attīstības un sabiedrības integrācijas jomā [12]. Tās mērķis ir saliedētas pilsoniskās sabiedrības attīstība un visu etnisko minoritāšu harmoniska integrācija. Viens no tās galvenajiem uzdevumiem ir sniegt atbalstu latviešu valodas apgūšanai, lietošanai un reformām izglītības sistēmā, kas padomju varas laikā tika sašķelta latviešu un krievu skolās, kā arī aizsargāt Latvijā dzīvojošo minoritāšu tiesības valodas jautājumā.

Tomēr 1999. gada Valsts valodas likuma 5. punkts paredz, ka ikviena cita Latvijas Republikā lietotā valoda ir uzskatāma par svešvalodu. Īpašā statusā ir lībiešu valoda: lībieši ir vienīgā Latvijas minoritāte, kurai ir piešķirts pamattautas statuss (ir palikuši vairs tikai apmēram 20 lībiešu valodas runātāju).

Mūsdienās latviešu valoda funkcionē visās dzīves jomās. Likums nosaka valsts valodas lietojumu valsts, pašvaldību, tiesu un izglītības iestādēs, kā arī citās institūcijās un uzņēmumos. Oficiālās, biznesa, ar juridiskiem jautājumiem saistītās, kā arī valsts iestādēs notiekošās tikšanās reizēs ir jālieto latviešu valoda vai arī jānodrošina tulka pakalpojumi sanāksmes tulkošanai valsts valodā, ja to pieprasa vismaz viens no dalībniekiem. Tas pats noteikums attiecas arī uz privāto sektoru: *tādā apjomā, kāds nepieciešams* — šis formulējums praksē pieļauj plašas interpretācijas iespējas. Likums neattiecas uz personisko saziņu, reliģiskā kontekstā izmantotām valodām un dažādu etnisko grupu savstarpējās saziņas līdzekļiem.

Būtisks solis latviešu valodas nostiprināšanā bija noteiktu profesiju un amatu funkciju sastatījums ar valodas prasmes pakāpēm. 1995. gadā Latvijas valdība izveidoja Latviešu valodas mācību valsts programmu un 2004. gadā — Latviešu valodas apguves valsts aģentūru, kas piedāvāja bezmaksas valodas mācības speciālistiem, piemēram, policistiem un medicīnas darbiniekiem, kuriem latviešu valodas zināšanas ir būtiski nepieciešamas darbā. Šāda iespēja tika piedāvāta arī daudzās citās jomās nodarbinātiem iedzīvotājiem.

Par valodas politiku atbildīgās institūcijas ir Saeima, Ministru kabinets, Izglītības un zinātnes ministrija, pašvaldības, augstskolas, skolas. Latviešu valodas aģentūra ir Izglītības un zinātnes ministrijas pakļautībā esoša valsts reglamentējošā iestāde, kas koncentrējas uz valsts politikas veidošanu un tās ieviešanu, kā arī sniedz valodas konsultācijas un nodrošina latviešu valodas mācību līdzekļus.

1992. gadā izveidotais Valsts valodas centrs atbild par valodas likumu ievērošanu un Eiropas Savienības un NATO dokumentu tulkošanu. Tā sastāvā ir Latviešu valodas ekspertu komisija, kuras kompetencē ir noteikt pareizrakstības normas.

Latvijas Zinātņu akadēmijas Terminoloģijas komisijas pārziņā ir vienotas un saskaņotas latviešu terminoloģijas izveide. Konkrētu nozaru apakškomisijās tiek apspriesti un darināti šo nozaru termini.

Sava veida virsbūves funkciju pilda Valsts valodas komisija, kura darbojas Latvijas Valsts prezidenta paspārnē. Komisijā darbojas eksperti, kas pārzina dažādas valodas lietojuma sfēras, tomēr tās lēmumiem ir tikai ieteikuma raksturs.

Latviešu valoda kopš neatkarības atgūšanas 1990. gadā ir ievērojami mainījusies, un šis process turpinās. Ir vērojama arī tendence pašlaik notiekošās pārmaiņas valodā vērtēt izteikti negatīvi (gan izsakoties vispārīgi — *valoda degradējas, tiek piesārņota* —, gan konkrēti, norādot uz nevēlamām parādībām). Šī virziena pārstāvji (pūristi) tiecas stabilizēt literārās valodas leksiku, jaunvārdu veidošanai izmantojot tikai savas valodas iespējas. Tomēr no citām valodām aizgūti vārdi bieži vien valodas apritē ienāk daudz ātrāk un vieglāk nekā jaundarinājumi. Piemēram, angļu vārda *marketing* tulkojuma *tirgzinība* ieviešana neizdevās, jo plašsaziņas līdzekļos sāka plaši izmantot sarunvalodā jau nostiprinājušos pārcēlumu *mārketings*.

Lai veicinātu pareizu un vienlaikus plašam lietotāju lokam pieņemamu jauno jēdzienu latviskojumu radīšanu, kopš 2003. gada tiek rīkota akcija *Gada vārds un nevārds*, un plašu atzinību guvuši dažādi veiksmīgi jaunvārdi (piemēram, *mēstule, zīmols, vingrums*). Tomēr šajā akcijā ik gadu tiek izcelts tikai viens vārds, bet nepieciešamo jauno jēdzienu ir daudz vairāk.

3.5 VALODA IZGLĪTĪBĀ

Valodas politika izglītībā ir noteikta 1991. gada Latvijas Republikas Izglītības likumā, kurā teikts, ka ikvienai citai valodai, kas nav latviešu valoda, ir svešvalodas statuss. Latvijas valstī izsniegtajiem diplomiem ir jābūt un profesionālās kvalifikācijas eksāmeniem ir jānotiek valsts valodā, izņemot īpašus gadījumus.

Valodas politika izglītībā ir noteikta 1991. gada Latvijas Republikas Izglītības likumā, kurā teikts, ka ikvienai citai valodai, kas nav latviešu valoda, ir svešvalodas statuss.

2004. gadā, veicot grozījumus normatīvajos aktos, vidusskolas posmā tika noteikta pāreja uz mācību priekšmeta satura apguvi 60% latviešu valodā un mazākumtautību valodā 40%. Patiešām — 2006. gada rudenī 73,5% 11. klases skolēnu mācību priekšmetus apguva pēc latviešu valodas programmas.

Diemžēl ne vienmēr spēkā esošie tiesību akti atbilst faktiskajai situācijai. Situācija krievu mazākumtautības skolās ir neparasta. Lielākā daļa mācību priekšmetu tiek pasniegti krievu valodā, un latviešu valoda tiek mācīta ļoti maz. Šīm skolām ir grūtības ieviest likumā paredzēto noteikto 60% apjomu mācību latviešu valodā.

2010./2011. mācību gadā vispārējās pilnas izglītības mācību programmās kopā mācījās 216 307 skolēni. 158 137 skolēniem (73,11%) mācību valoda bija latviešu valoda, 56 636 skolēniem (26,18%) — krievu valoda un 1534 skolēniem (0,71%) — kāda cita valoda.

1998. gada Izglītības likuma 41. pants paredz, ka izglītības iestādes var piedāvāt mazākumtautībām piemērotas mācību programmas, ja vien tās atbilst Ministru kabineta izstrādātajiem noteikumiem par izglītību, bet šajās programmās ir jābūt iekļautiem priekšmetiem, kuri apgūstami valsts valodā. Latvijā dzīvojošā krievu kopiena pret šiem noteikumiem iebilst.

Nesen sabiedrībā tika diskutēts par iesniegto iniciatīvu par grozījumiem Satversmes 112. pantā, lai panāktu pakāpenisku pāreju uz mācībām latviešu valodā skolās no 2012. gada 1. septembra. Ja mazākumtautību skolas pārietu uz mācībām latviešu valodā, papildu ieguvums būtu vienota un lētāka valodas apguves sistēma. Tomēr nacionālo minoritāšu pārstāvji uzstāja, ka viņu bērniem ir tiesības izglītoties savā valodā, tāpēc iniciatīva neguva nepieciešamo atbalstu.

2012. gada 18. februārī Latvijā notika tautas nobalsošana par grozījumiem Latvijas Republikas Satversmē, iekļaujot tajos nosacījumu par krievu valodu kā otru valsts valodu. Par Satversmes grozījumu pieņemšanu nobalsoja tikai 24,88% vēlētāju, bet pret grozījumu pieņemšanu bija pārliecinošs vairākums — 74,8% vēlētāju (0,32% balsošanas zīmju tika atzītas par nederīgām) [13].

Saskaņā ar Izglītības likumu un Augstskolu likumu latviešu valoda ir noteikta kā studiju valoda tikai valsts augstskolās. Privātajās augstskolās valodas izvēle nav reglamentēta. Tomēr ir vairāki nosacījumi: 1) profesionālās kvalifikācijas eksāmeni ir kārtojami valsts valodā; 2) akadēmiskā un zinātniskā grāda ieguvei nepieciešamie darbi ir izstrādājami un aizstāvami valsts valodā, izņemot likumos īpaši paredzētus gadījumus; 3) kvalifikācijas paaugstināšana un pārkvalificēšanās, kas tiek finansēta no valsts budžeta un pašvaldību budžetiem, notiek valsts valodā.

Valodas situācija augstākajā izglītībā ir tieši atkarīga no valodas un izglītības politikas valstī un arī Eiropas Savienībā. Valodas politikas kontekstā būtiski ir divi uzdevumi:

- piedāvāt tādu augstāko izglītību, kas spēj sagatavot pasaules līmenī konkurētspējīgus speciālistus, pētniekus un zinātniekus, tātad — profesionāļus ar ļoti labām svešvalodu prasmēm;
- katras valsts pienākums ir nodrošināt valsts valodas pilnvērtīgu funkcionēšanu augstākajā izglītībā un zinātnē.

Var teikt, ka Latvijā ieviestās tiesību normas nodrošina valsts valodas dominējošās nozīmes saglabāšanu Latvijas augstākajā izglītībā, vienlaikus dodot iespēju konkurētspējīgā līmenī apgūt profesionālajai kvalifikācijai nepieciešamās zināšanas arī citās ES valodās (parasti — angļu valodā). Tomēr, palielinoties apmaiņas studiju programmu skaitam un nepieciešamībai iegūt un sniegt profesionālo informāciju svešvalodās, Latvijas augstākajā izglītībā un zinātnē, tāpat kā daudzās Eiropas valstīs, pastiprinās tendence pāriet uz angļu valodu.

3.6 STARPTAUTISKIE ASPEKTI

Latviešu valoda ir viena no Eiropas Savienības oficiālajām valodām. Ikvienam iedzīvotājam ir tiesības vērsties pie ES institūcijām latviešu valodā un saņemt atbildi latviešu valodā. Latviešu valodas pozīcijas nostiprinās arī valsts valodas politikas dēļ — ārvalstniekiem, kas ierodas Latvijā strādāt konkrētās profesijās vai mācīties, ir jāapgūst latviešu valoda. Papildus tam latviešu valodu bagātā folkloras mantojuma un komplicētās un senās valodas sistēmas dēļ pētījumu nolūkos izmanto citu valstu filologi un valodu tehnologi. Detalizētie latviešu gramatikas likumi un principi var noderēt, izstrādājot mašīntulkošanas sistēmas un citus valodu tehnoloģiju produktus, kas paredzēti mazajām valodām.

Atbalsts latviešu valodas apgūšanai ārvalstīs tiek nodrošināts divās jomās:

- atbalsts latviešu valodas kā svešvalodas apguvei ārvalstu universitātēs (latviešu valodu piedāvā apgūt 22 ārvalstu universitātes);
- atbalsts latviešu valodas uzturēšanai emigrējušo iedzīvotāju vidū.

Ar ārvalstu augstskolām latviešu valodas apguvē sadarbojas gan atsevišķas augstskolas, gan Latviešu valodas aģentūra. Tā, piemēram, ar Latviešu valodas aģentūras atbalstu atvērta lektora štata vieta Pekinas Svešvalodu universitātē Ķīnā, lai organizētu latviešu valodas kursus dažādos līmeņos un pasniegtu Latvijas kultūras vēstures kursu (angļu valodā).

Plašas iespējas apgūt latviešu valodu ir mūsu kaimiņvalstī Lietuvā. Kauņā kopš 1995. gada darbojas Vītauta Dižā universitātes Letonikas centrs. Lietuvas un Latvijas iekļaušanās Eiropas Savienībā pavēra plašākas iespējas attīstīt akadēmiskos sakarus: ar vairākām augstskolām tika parakstīti *Socrates/Erasmus* līgumi, kas paredz ne tikai studentu, bet arī pasniedzēju apmaiņu, kā arī sniedz nozīmīgu finansiālo atbalstu. Vērā ņemams ir fakts, ka latviešu valoda kopš 2008. gada ir iekļauta arī Lietuvas vidusskolu mācību programmās kā trešā svešvaloda (kā izvēles priekšmets). To tagad māca dažās vidusskolās Latvijas pierobežā.

Politisku un sociālekonomisku faktoru ietekmē latviešu diaspora pēdējā pusotra gadsimta laikā ir izplatījusies visā pasaulē. Pēc provizoriskiem datiem, pašlaik ārpus Latvijas dzīvo vairāk nekā desmitā daļa latviešu. Latvijas valdības apstiprinātās ilgtermiņa programmas uzdevumi ir latviešu diasporas biedrību apgāde ar mācību līdzekļiem, metodisko literatūru, svētdienas skolu tīkla nostiprināšana, nodrošināšana ar latviešu valodas un literatūras pasniedzējiem, iespējas latviešu diasporas jaunākās paaudzes pārstāvjiem studēt Latvijas augstskolās un atbalsta sniegšana personām, kuras vēlas repatriēties.

Latviešu valodas aģentūras ar Norvēģijas valdības atbalstu 2009. gadā veiktajā pētījumā *Valodas lietojums diasporā: citu valstu prakse un Latvijas rīcībpolitikas izvērtējums* [14] ir secināts, ka būtu svarīgi nekavējoties rīkoties, lai nepadziļinātu plaisu starp valdību (valsti) un jaunās diasporas pārstāvjiem un novērstu negatīvo attieksmi pret Latviju to iedzīvotāju vidū, kuri nesen emigrējuši no valsts.

Latviešu valodas aģentūra ir sniegusi atbalstu mācību darbam Krievijas Federācijā un Īrijā. Ir sagatavotas divas programmas: latviešu valodas mācību programma diasporai un tālākizglītības programma skolotājiem, kuri strādā diasporā. Laikā no 2007. līdz 2009. gadam tālākizglītības programmu skolotājiem apguvis 61 dalībnieks no 14 valstīm.

3.7 LATVIEŠU VALODA INTERNETĀ

Rūpējoties par latviešu valodas un tehnoloģiju sinerģiju, Valsts valodas komisija kā galveno mērķi uzskata panākt pilnvērtīgu latviešu valodas datoratbalstu visās izplatītajās tehnoloģijās. Šim atbalstam ir jābūt kvalitatīvam, uzturētam un attīstītam reizē ar jauno tehnoloģiju attīstību, tam ir jābūt plaši pieejamam un lietojamam. Šo mērķu sasniegšanai kā prioritāri izvirzāmi šādi uzdevumi: izstrādāt valodas tehnoloģijas, nodrošināt šo tehnoloģiju pieejamību un izmantošanu plaša lietojuma sistēmās, izstrādāt normatīvās prasības latviešu valodas lietošanai datorsistēmās, sekmēt informācijas tehnoloģijas un telekomunikācijas terminoloģijas attīstību un ieviešanu.

Valsts valodas komisija uzskata, ka ir jāpanāk, lai latviešu valodai tiek nodrošināts pilnvērtīgs datoratbalsts visās izplatītajās tehnoloģijās, lai šis atbalsts ir kvalitatīvs, tiek uzturēts un attīstīts reizē ar jauno tehnoloģiju attīstību, ir plaši pieejams un lietojams.

Pēc vietnē *Discovery News* veiktā pētījuma datiem, latviešu valodas interneta lietotāju ir 1 369 600. Savukārt tirgus, sociālo un mediju pētījumu aģentūra *TNS Latvia* ir apkopojusi interneta auditorijas pētījuma rezultātus par 2011. gada ziemas periodu. Pēdējo sešu mēnešu laikā internetu bija izmantojuši vidēji 64% jeb 1 123 000 Latvijas iedzīvotāju vecumā no 15 līdz 74 gadiem, kas ir par 4 procentpunktiem vairāk nekā 2010. gada ziemā. Visstraujākais interneta lietotāju skaita pieaugums vērojams Latvijas iedzīvotāju vidū, kas ir vecumā no 20 līdz 29 gadiem.

Interneta nozīmi biznesa jomā apstiprina kompānijas *GARM Technologies* aptauja, kas veikta sadarbībā ar Latvijas Interneta asociāciju. Pēc aptaujas datiem, interneta pazušana negatīvi ietekmētu 37% uzņēmumu darbu, bet 4% neļautu turpināt darbību.

Internetā lietotā valoda ir specifiska, tai ir noteiktas tradīcijas, bet tajā ir vērojama arī lingvistiskā visatļautība. Internetā ir pakalpojumi, kuros tiek publicēti rediģēti materiāli. Tomēr lielā daļā internetā pieejamo tekstu valodas lietojums netiek kontrolēts. Interneta saziņā ienāk līdz šim nebijuši paņēmieni un leksika: grafiskas zīmes jeb smaidiņi emociju paušanai, diakritisko zīmju nelietošana, neierasti saīsinājumi, sarunvaloda un vienkāršruna. Internets, tāpat kā citi komunikācijas līdzekļi, ir valodas faktu avots, kas atspoguļo valodas attīstības tendences.

Interneta nozīmes pieaugums būtiski ietekmē valodu tehnoloģijas. Lielais digitālo valodas datu apjoms ir galvenais resurss dabiskās valodas lietojuma analīzē, jo īpaši lai iegūtu statistisku informāciju par valodas struktūru. Turklāt internets valodu tehnoloģijām piedāvā plašas lietojuma iespējas.

Visbiežāk izmantotais tīmekļa pakalpojums ir meklēšana. Tam nepieciešama automātiska valodas apstrāde vairākos līmeņos (detalizētu informāciju par to lasiet tālāk). Lai veiktu meklēšanu tīmeklī, katrai valodai tiek lietota atšķirīga sarežģīta valodas tehnoloģija.

Svarīgi nodrošināt, lai latviešu valodā pieejamais saturs internetā būtu kvalitatīvs. Latvijas Nacionālā bibliotēka veido Latvijas Nacionālo digitālo bibliotēku, kurā apkopotas digitalizētas avīžu kolekcijas, attēli, kartes, grāmatas, notis un audioieraksti [15]. Tās mērķis ir digitalizēt bibliotēku krājumus un padarīt tos publiski pieejamus tīmeklī. Kolekcija *Periodika* piedāvā 40 latviešu, vācu un krievu valodā izdotas avīzes un žurnālus, kas iespiesti laika posmā no 1895. līdz 1957. gadam (vairāk nekā 350 000 lapu).

Sabiedrības *Tilde* izstrādātajā portālā *Letonika.lv* pieejamas tiešsaistes enciklopēdijas, vārdnīcas, literārie darbi un valodu rīki. *Letonika.lv* ietver vairākas vispārīgas un specializētas vārdnīcas, kas paredzētas 20 tulkošanas virzieniem: no angļu, franču, vācu un krievu valodas uz latviešu valodu un pretēji, latviešu–lietuviešu, lietuviešu–latviešu un igauņu–latviešu virzienam, kā arī vairāk nekā 40 terminoloģijas vārdnīcu. Latviešu literatūras kolekcijā tiešsaistē publicēti 22 autoru 200 pilna teksta darbi un krājumi, kopējais digitalizēto lapu skaits — 22 000.

Latvijas Universitātes Matemātikas un informātikas institūts (LU MII) piedāvā apjomīgu digitālā satura kolekciju, ieskaitot leksiskos resursus, tekstus un krājumus, un datorizētus mācību palīglīdzekļus. Lielākā daļa resursu ir pieejami tīmeklī [16], un tos izmanto humanitāro zinātņu pētniecībā un izglītībā. Kā nozīmīgākie minami šādi: *Līdzsvarots mūsdienu latviešu valodas tekstu korpuss* [17] (˜3,5 miljoni vārdlietojumu), *Latviešu valodas tīmekļa korpuss* (˜10 miljoni vārdlietojumu), *Latvijas Republikas 5.–9. Saeimas sēžu stenogrammas ar metadatiem* (vairāk nekā 20 miljoni vārdlietojumu), *Latviešu valodas seno tekstu korpuss* [18, 19] un *Latviešu literatūras klasika.*

LU MII ir apkopojis daudz latviešu valodas vārdnīcu — galvenokārt skaidrojošās vārdnīcas un terminoloģijas vārdnīcas. Galvenie elektroniski pieejamie resursi: *Mīlenbaha–Endzelīna latviešu valodas vārdnīca* [20], *Latviešu literārās valodas vārdnīca* (˜64 000 ierakstu) un *Skaidrojošā vārdnīca*, kas ietver vairāk nekā 150 000 ierakstu no apmēram 120 latviešu valodas vārdnīcām, kas izdotas dažādos laika periodos un nozarēs. LU MII izstrādāto e-mācību materiālu klāstā ir elektroniskie mācību kursi, elektroniskās grāmatas, mācību palīglīdzekļi, uzdevumi un testi, kas paredzēti dažādu līmeņu valodas apguvei — no sākumskolas klasēm līdz pat vidusskolai. Lai palīdzētu nedzirdīgiem bērniem, ir izstrādāta zīmju valodas vārdnīca. Lielākā daļa e-mācību materiālu ir iekļauti Latvijas Izglītības informatizācijas sistēmā (LIIS). Latvijas Zinātņu akadēmijas Terminoloģijas komisija oficiālo terminoloģiju publicē divās lielās tiešsaistes datu bāzēs: www.termnet.lv (apmēram 150 000 terminu) un termini.lza.lv/akadterm. Pirmā datu bāze ir pievienota arī lielākajam Eiropas terminoloģijas portālam *EuroTermBank* [21].

Latvijas Universitātes Literatūras, folkloras un mākslas institūta Latviešu folkloras krātuve [22] izveidojusi apjomīgu latviešu folkloras resursu tiešsaistes kolekciju, kurā iekļauts arī liels skaits audioierakstu un videoierakstu. Krišjāņa Barona apkopotais latviešu tautasdziesmu krājums *Dainu skapis* ir iekļauts UNESCO Pasaules mantojuma sarakstā, un tiešsaistē ir pieejama tā digitalizētā versija [23]. Materiālus par dialektiem ir apkopojis LU Latviešu valodas institūts un reģionālās universitātes, piemēram, Liepājas Universitātes Kurzemes Humanitārā institūta Folkloras un valodas centrs [24].

Latviešu valodas resursi un rīki reģistrēti CLARIN valodas resursu un rīku krātuvē [25]. Pašlaik krātuvē ir iekļauti 34 resursi un 11 rīki.

Interneta lietotāji un tīmekļa satura nodrošinātāji valodu tehnoloģijas var izmantot arī vienkāršākiem mērķiem, piemēram, automātiskai tīmekļa lapu satura tulkošanai no vienas valodas uz citu. Lai arī teksta manuālās tulkošanas izmaksas ir lielas, ir izstrādāts samērā maz valodu tehnoloģiju, kas būtu piemērotas tīmekļa lapu tulkošanai. Iemesls varētu būt latviešu valodas sarežģītība, kā arī lielais skaits dažādu tehnoloģiju, kas tiek lietotas šādās programmās.

Nākamajā sadaļā sniegta informācija par valodu tehnoloģijām un to lietojuma pamatjomām, kā arī novērtēts pašreizējais valodu tehnoloģiju atbalsts, kas pieejams latviešu valodai.

4

VALODU TEHNOLOĢIJU ATBALSTS LATVIEŠU VALODAI

Valodu tehnoloģijas ir programmatūras sistēmas, kas izstrādātas darbam ar cilvēka valodu, tādēļ tās bieži dēvē par cilvēka valodas tehnoloģijām. Cilvēka valoda pastāv runas un rakstu formā. Lai arī vecākā un saistībā ar cilvēka evolūciju visdabiskākā valodas saziņas forma ir runa, sarežģīta informācija un lielākā daļa cilvēces zināšanu tiek glabātas un nodotas tālāk rakstiski. Runas un teksta tehnoloģijas apstrādā vai rada šīs atšķirīgās valodas formas, lai arī tās abas izmanto vārdnīcas, gramatikas un semantikas likumus. Tas nozīmē, ka valodu tehnoloģijas (VT) veido valodas saikni ar dažādās formās glabātām zināšanām neatkarīgi no veida (runas vai teksta), kādā informācija izteikta. 1. attēlā ilustrēta VT daudzveidība. Sazinoties mēs kombinējam valodu ar citiem saziņas veidiem un informācijas līdzekļiem — piemēram, runātājs papildu informāciju var paust ar žestiem un mīmiku. Digitālie teksti veido saikni ar attēliem un skaņām. Filmu valoda var būt gan mutiskā, gan rakstiskā formā. Citiem vārdiem, runas un teksta tehnoloģijas pārklājas un mijiedarbojas ar citām tehnoloģijām, un tas atvieglo multimodālās saziņas un multivides dokumentu apstrādi.

Tālāk tiks apskatītas galvenās valodu tehnoloģiju izmantošanas jomas, t.i., valodas pārbaude, meklēšana tīmeklī, runas tehnoloģija un mašīntulkošana. Lietojumprogrammas un pamattehnoloģijas ietver:

- pareizrakstības pārbaudi;
- autorēšanas atbalstu;
- datorizētu valodas apguvi;
- informācijas izguvi;
- informācijas izvilkšanu;
- tekstu apkopošanu;
- atbildēšanu uz jautājumiem;
- runas atpazīšanu;
- runas sintēzi.

Valodas tehnoloģija ir atsevišķa pētījumu joma, kurai pieejams plašs ievadliteratūras klāsts. Lai iegūtu plašāku informāciju, interesenti var skatīt šīs atsauces: [26, 27, 28, 29, 30]. Pirms aplūkojam minētās izmantošanas iespējas, īsi aprakstīsim tipiskas VT sistēmas arhitektūru.

4.1 LIETOJUMPROGRAMMU ARHITEKTŪRA

Valodas apstrādes lietojumprogrammas parasti veido vairāki komponenti, kas atspoguļo dažādus valodas aspektus. 2. attēlā parādīta ļoti vienkāršota arhitektūra, kas sastopama tipiskā teksta apstrādes sistēmā. Pirmie trīs moduļi ir saistīti ar teksta ievades struktūru un nozīmi:

1. Priekšapstrāde: tiek iztīrīti dati, analizēts vai noņemts formatējums, noteikta ievades valoda u.c.
2. Gramatiskā analīze: tiek atrasti izteicēji, papildinātāji, apstākļi un citi teikuma locekļi, kā arī noteikta teikuma struktūra.
3. Semantiskā analīze: tiek novērsta daudznozīmība (t.i., aprēķināta atbilstošā vārdu nozīme konkrētajā

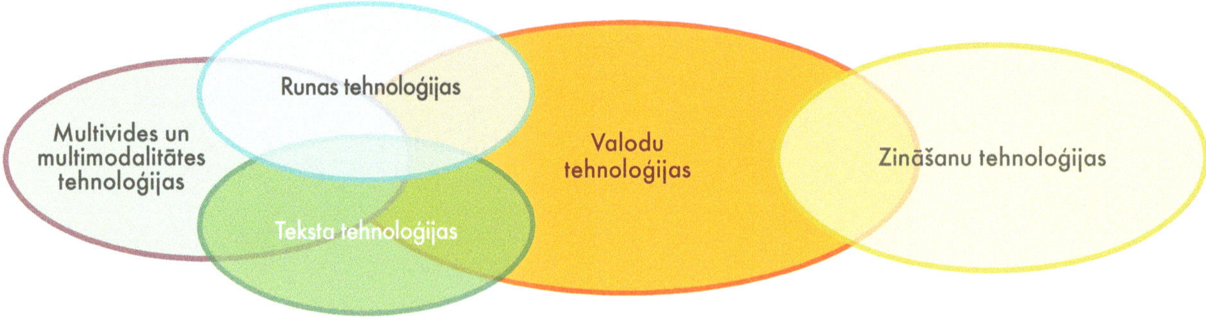

1. attēls. Valodu tehnoloģijas

kontekstā), atrisināta anafora (t.i., noteikts, kuri vietniekvārdi teikumā attiecas uz kuriem lietvārdiem), un teikuma nozīme attēlota mašīnlasāmā formā.

Pēc teksta analīzes konkrētiem mērķiem paredzētie moduļi var veikt citas darbības, piemēram, automātisku teksta kopsavilkuma izveidi vai atbilstošas informācijas atrašanu datu bāzē.
Šajā nodaļā pēc iepazīstināšanas ar valodu tehnoloģiju izmantošanas pamatiespējām sniegsim īsu pārskatu par aktuālo situāciju VT izpētē un izglītībā un nobeigumā piedāvāsim pārskatu par iepriekšējām un esošajām pētniecības programmām. Pēc tam sniegsim speciālistu vērtējumu par VT pamatrīkiem un resursiem dažādos griezumos, t. sk. no pieejamības, gatavības un kvalitātes aspekta. Vispārējā VT situācija latviešu valodas kontekstā ir apkopota 9. attēlā.

4.2 GALVENĀS IZMANTOŠANAS IESPĒJAS

Šajā sadaļā uzmanība tiks pievērsta vissvarīgākajiem valodu tehnoloģiju rīkiem un resursiem, kā arī tiks sniegts pārskats par Latvijā notiekošajām ar VT saistītajām aktivitātēm. Informāciju par rīkiem un resursiem, kuru nosaukumi tekstā ir treknrakstā, var skatīt arī 9. attēlā sadaļas beigās.

Informāciju par rīkiem un resursiem, kuru nosaukumi tekstā ir treknrakstā, var skatīt arī 9. attēlā sadaļas beigās.

4.2.1 Pareizrakstības pārbaude

Ikviens, kurš ir lietojis kādu tekstapstrādes programmu, piemēram, *Microsoft Word*, zina, ka tajās esošie pareizrakstības pārbaudītāji izceļ kļūdaini uzrakstītus vārdus un piedāvā labojumus. Pirmās pareizrakstības labošanas programmas izvilkto vārdu sarakstu salīdzināja ar pareizi uzrakstītiem vārdiem no vārdnīcas. Mūsdienās šīs programmas ir daudz sarežģītākas. **Gramatikas analīzei** izmantojot no valodas atkarīgus algoritmus, tās nosaka morfoloģijas (piemēram, daudzskaitļa veidošana vai mīkstinājuma zīmju lietošana) kļūdas, kā arī sintakses kļūdas, piemēram, nesaskaņotu darbības vārdu un teikuma priekšmetu. Taču lielākā daļa pareizrakstības pārbaudītāju neatradīs nevienu kļūdu tālāk minētajā tekstā (ilustratīvs piemērs angļu valodā, kurā homofoni — vārdi, ko izrunā vienādi, bet raksta atšķirīgi — ir biežāk sastopami) [31]:

I have a spelling checker,
It came with my PC.
It plane lee marks four my revue
Miss steaks aye can knot sea.

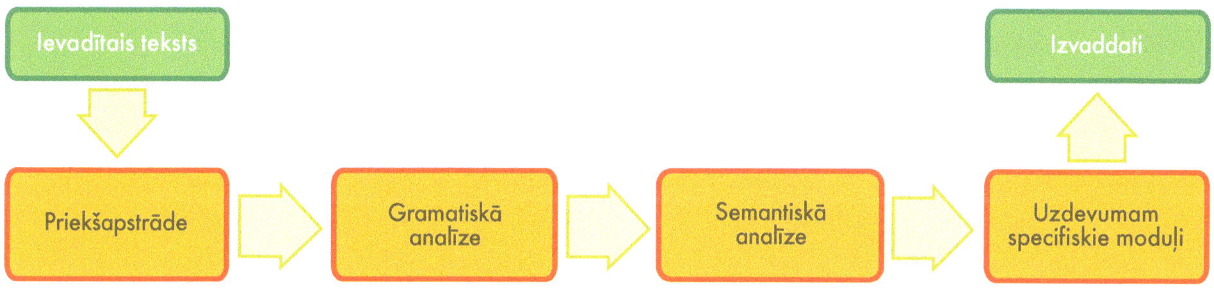

2. attēls. Tipiskas teksta apstrādes lietojumprogrammas arhitektūra

Šāda veida kļūdu apstrādei parasti ir nepieciešama konteksta analīze. Piemēram, lai noteiktu, vai latviešu valodas tekstā lietojami lielie sākumburti, nepieciešams konteksts:

- *Viņa dzīvo Mazā Dārza ielā.*
- *Viņa dzīvo mazā dārza mājā.*

Šāda veida analīzei ir jāizmanto vai nu konkrētās valodas **gramatikas** likumi, ko programmatūrā ir iekodējuši speciālisti (tas ir darbietilpīgs process), vai statistiskais valodas modelis. Šajā gadījumā modelis aprēķina, kāda ir iespējamība, ka konkrētais vārds atradīsies noteiktā vietā (piemēram, starp priekšā un aizmugurē esošajiem vārdiem). Statistisko valodas modeli var automātiski izveidot, izmantojot lielu apjomu (pareizu) valodas datu (tā saukto **tekstu korpusu**). Visbiežāk šīs divas pieejas ir izstrādātas datiem angļu valodā. Neviena no šīm pieejām nav viegli piemērojama latviešu valodai, jo latviešu valodā vārdu kārtība teikumos ir brīva un var izmantot daudz locījumu un galotņu.

Valodas pārbaude neattiecas tikai uz tekstapstrādes programmām; tā tiek izmantota arī autorēšanas atbalsta sistēmās.

Valodas pārbaude neattiecas tikai uz tekstapstrādes programmām; tā tiek izmantota arī autorēšanas atbalsta sistēmās, piemēram, programmatūras vidēs, kurās sarežģītas IT, veselības aprūpes, inženierijas un citu produktu rokasgrāmatas un dokumentācija tiek rakstīta atbilstoši īpašiem standartiem. Uzņēmumi pievērš arvien lielāku uzmanību tehniskās dokumentācijas kvalitātei, kas palīdz iekarot starptautisko tirgu (izmantojot tulkošanu un lokalizēšanu). Slikti saprastu instrukciju dēļ bieži vien produkts tiek lietots nepareizi, un uzņēmumi saņem klientu sūdzības un bojājumu

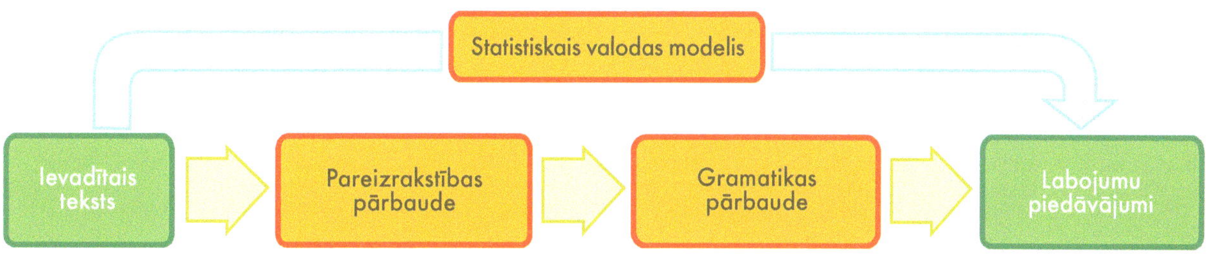

3. attēls. Valodas pārbaude (augšā: statistiskā, lejā: likumos balstītā)

pieteikumus. Savukārt kvalitatīva tehniskā dokumentācija palīdz no tā izvairīties. Sasniegumi dabiskās valodas apstrādē ir veicinājuši autorēšanas atbalsta sistēmu izstrādi. Šīs sistēmas palīdz tehniskās dokumentācijas rakstītājiem lietot nozares noteikumiem un (uzņēmuma) terminoloģijas ierobežojumiem atbilstošu vārdu krājumu un teikumu struktūras.

Pirmo latviešu valodas teksta pareizrakstības pārbaudītāju izstrādāja sabiedrība *Tilde* 1995. gadā. Tas pārbauda katra vārda pareizrakstību un piedāvā aizstāt kļūdaini uzrakstītu vārdu ar pareizu. Nepārprotami kļūdaini uzrakstītus vārdus tas izlabo automātiski. Katru gadu *Tilde* uzlabo pareizrakstības pārbaudītāju, iekļaujot tajā jaunas leksēmas, papildinot rīku ar jaunām funkcijām (piemēram, inteliģento automātiskās koriģēšanas funkciju) un integrējot to jaunākajās lietojumprogrammās. Tagad latviešu valodas tekstu pareizrakstības pārbaudītājs atpazīst vairāk nekā 22 miljonus vārdformu, kas atvasinātas no vairāk nekā 130 tūkstošiem lemmu.

Tilde ir izstrādājusi arī zilbjdales rīku latviešu valodai. Tas sadala vārdus pārnešanai jaunā rindā atbilstoši latviešu valodas zilbjdales likumiem. Zilbjdales rīks izmanto gan likumus, kas nosaka parasto vārdu dalīšanu zilbēs, gan izņēmumu sarakstu (vārdus, ko dala zilbēs atšķirīgi no parastajiem likumiem).

Teksta rakstīšanā ērti noder tāds rīks kā sabiedrības *Tilde* veidotais latviešu valodas tēzaurs. Izmantojot tēzauru, var izvairīties no viena un tā paša vārda atkārtošanās, tādējādi uzlabojot dokumenta valodu. Tēzaurs ne tikai piedāvā izvēlētā vārda sinonīmus, bet arī ģenerē pareizu aizstājošā vārda locījumu.

Gramatikas pārbaudītājs pārbauda teikuma struktūru un interpunkciju. Pirmo latviešu valodas gramatikas pārbaudītāju izstrādāja *Tilde* 2004. gadā. Šis gramatikas pārbaudītājs izmanto šablona atbilsmes pārbaudi, kas ļauj atpazīt un izlabot bieži sastopamus kļūdu veidus: lielo sākumburtu lietojumu, interpunkciju dažādās sintaktiskajās struktūrās, saīsinājumus, salikteņus un dažādas saskaņojuma kļūdas. Nesen *Tilde* laida klajā jaunu gramatikas pārbaudītāja versiju, kurā tiek lietota pilna teikuma sintaktiskā analīze. Uzlabotais gramatikas pārbaudītājs identificē izplatītākās gramatiskās kļūdas, tostarp vārdu saskaņojuma, pieturzīmju un daudzas stila kļūdas. Šī pieeja ļauj programmai atrast arī sintakses kļūdas teikuma daļās, kuras atrodas tālu cita no citas. Papildus tam rīks atpazīst kalku, žargonvārdu un citu nevēlamu vārdu vai valodas konstrukciju lietojumu.

Korporācija *Microsoft* ir licencējusi sabiedrības *Tilde* izstrādāto latviešu valodas teksta pareizrakstības pārbaudītāju un zilbjdales rīku un iekļāvusi tos programmu komplektā *Microsoft Office*. *Tilde* savu pareizrakstības pārbaudītāju un gramatikas pārbaudītāju ir integrējusi arī programmatūras komplektos *Open Office* un *LibreOffice*.

Valodas pārbaude ir svarīga ne tikai pareizrakstības pārbaudītāju darbībā un autorēšanas atbalsta nodrošināšanā, bet arī datorizētā valodas apguvē. Valodas pārbaudes lietojumprogrammas arī automātiski labo meklēšanas vaicājumus (piemēram, *Google* ieteikumi *Varbūt vēlējāties sameklēt...*).

4.2.2 Meklēšana tīmeklī

Meklēšana tīmeklī, iekštīklā un digitālajās bibliotēkās, iespējams, mūsdienās ir visplašāk izmantotā, taču vēl nepietiekami attīstīta valodu tehnoloģiju joma. Aptuveni 80% no visiem meklēšanas vaicājumiem apstrādā *Google* meklētājprogramma, kura tika izlaista 1998. gadā [32]. *Google* meklēšanas interfeisa un rezultātu lapas attēlojums nav būtiski mainīts kopš pirmās versijas. Taču pašreizējā versijā *Google* piedāvā kļūdaini uzrakstīto vārdu pareizrakstības labošanu, un šeit ir iekļautas semantiskās meklēšanas pamatiespējas, kas var uzlabot meklēšanas precizitāti, analizējot terminu nozīmi meklēšanas vaicājuma kontekstā [33]. *Google* veiksmes stāsts rāda, ka liels pieejamo datu apjoms un efektīvas indeksēšanas metodes var nodrošināt pietiekami labus rezultātus,

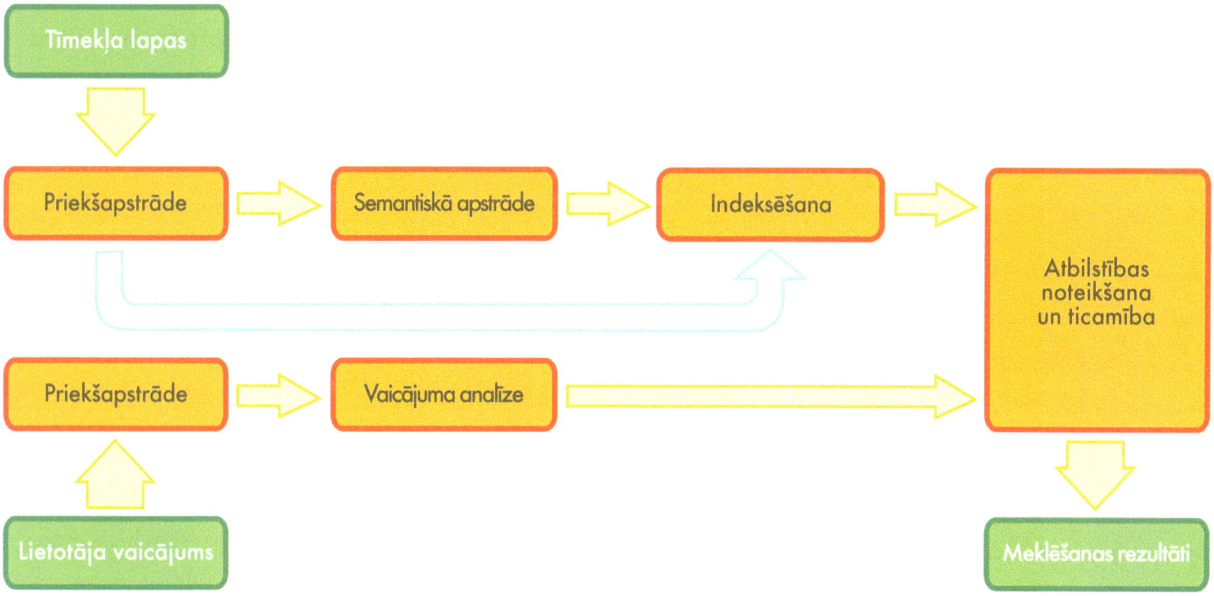

4. attēls. Tīmekļa meklētāja arhitektūra

izmantojot statistisko pieeju. Lai veiktu teksta interpretāciju sarežģītāku informācijas pieprasījumu gadījumā, ir svarīgi integrēt padziļinātas valodas zināšanas. Eksperimenti, kuros tika izmantoti **leksiskie resursi**, piemēram, mašīnlasāmi tēzauri vai ontoloģiskie valodas resursi, pierāda, ka iespējami uzlabojumi lapu atrašanā, izmantojot oriģinālo meklējamo terminu sinonīmus vai pat netieši saistītus terminus.

Meklētājprogrammu nākamajai paaudzei būs vajadzīgas daudz sarežģītākas valodu tehnoloģijas.

Meklētājprogrammu nākamajai paaudzei būs vajadzīgas daudz sarežģītākas valodu tehnoloģijas, jo īpaši lai apstrādātu meklēšanas vaicājumus, kas nav izteikti kā vienkārši atslēgvārdi, bet gan teikuma, piemēram, jautājuma formā. Ja ir ievadīts vaicājums *Parādiet man visu to uzņēmumu sarakstu, kurus pēdējo piecu gadu laikā ir pārņēmuši citi uzņēmumi*, VT sistēmai jāveic sintaktiskā un **semantiskā analīze**, kā arī jānodrošina indekss, lai varētu ātri izgūt saistītos dokumentus. Pareizas atbildes sniegšanai ir nepieciešama sintaktiskā parsēšana, lai analizētu teikuma gramatisko struktūru un noteiktu, ka lietotāju interesē uzņēmumi, kas ir pārņemti, nevis uzņēmumi, kuri ir pārņēmuši citus uzņēmumus. Sistēmai arī jānosaka, tieši kuri gadi atbilst apzīmējumam *pēdējo piecu gadu laikā*. Lai atrastu lietotājam nepieciešamo informāciju, vaicājums jāsalīdzina ar lielu nestrukturizētu datu apjomu. To dēvē par informācijas izguvi, un tajā ietilpst saistīto dokumentu meklēšana un vērtēšana. Lai ģenerētu uzņēmumu sarakstu, sistēmai arī jāsaprot, ka konkrētā vārdu virkne dokumentā ir uzņēmuma nosaukums. Šo procesu dēvē par tekstuālo apzīmējumu atpazīšanu.

Daudz grūtāks izaicinājums ir vienā valodā uzdota vaicājuma salīdzināšana ar informāciju dokumentos, kuri ir citā valodā. Starpvalodu informācijas izguve (*cross-lingual information retrieval* — CLIR) ietver automātisku vaicājuma tulkošanu visās iespējamās avota valodās un pēc tam rezultātu tulkošanu atpakaļ mērķvalodā.

Tagad, kad dati arvien vairāk sastopami arī citos, ne tikai teksta formātos, ir nepieciešami pakalpojumi, kas meklētu multivides informāciju attēlos, audio un video failos. Audiofailu un videofailu gadījumā runas atpazīšanas modulim ir jākonvertē runas saturs tekstā (vai fonētiskā atveidojumā), kas līdzinās lietotāja vaicājumas.

Eiropas Komisijas Piektās pamatprogrammas projektā CLARITY (*Starpvalodu informācijas izguves un teksta un audio dokumentu kārtošanas priekšlikums*) tika izstrādāts CLIR sistēmas prototips angļu, somu un zviedru valodai, kā arī latviešu un lietuviešu valodai (baltu valodām).

Projektā tika izstrādāti arī latviešu un lietuviešu valodas informācijas izguves programmu prototipi. CLARITY starpvalodu informācijas izguves sistēmā vaicājumu tulkošana tika veikta divos virzienos: no latviešu un lietuviešu valodas angļu, somu un zviedru valodā, lai izgūtu šajās valodās rakstītus dokumentus; no angļu, somu un zviedru valodas latviešu un lietuviešu valodā, lai izgūtu baltu valodās rakstītu dokumentu kolekcijas. Informācijas izguvei starp somu/zviedru un latviešu/lietuviešu valodām netika izmantots tiešais tulkojums, bet vaicājumi tika tulkoti transitīvi (izmantojot starpniekvalodu). Baltu valodām vidējā precizitāte dokumentu izguvē, izmantojot vaicājumu tiešo tulkošanu, salīdzinot ar monolingvālo izguvi, var sasniegt vairāk nekā 70%. Transitīvās tulkošanas gadījumā precizitāte ir zemāka (aptuveni 40%), taču tā joprojām ir visai labā līmenī [34].

Meklētājprogrammas prototips, kas tika izstrādāts Eiropas Komisijas Sestās pamatprogrammas projektā TRIPOD (*Trīspusējs multivides objektu apraksts*), nodrošina iespēju atrast attēlus, izmantojot atslēgvārdus, jēdzienisko un telpisko vaicājumu konstruktorus. Tas tiek īstenots, izmantojot starpdisciplīnu pieeju — apvienojot ģeogrāfiskās informācijas zinātni, informācijas izguves un vairāku dokumentu apkopošanas metodes kopā ar attēlu kontekstuālu izguvi.

TRIPOD rīki papildina attēlus ar telpiskiem datiem, lai izskaitļotu kontekstuālu informāciju par atrašanās vietu un attēlā redzamās ainavas raksturīgajām pazīmēm. Telpiskie dati tiek izmantoti, lai iegūtu semantisku papildinformāciju par fotoattēlā redzamo vietu. Lai automātiski izveidotu fotoattēlu aprakstus, tiek izmantotas dažādas metodes (meklēšana tīmeklī, teksta apkopošana), radot bagātīgus un daudzpusīgus attēlu parakstus.

4.2.3 Runas tehnoloģijas

Runas tehnoloģijas tiek izmantotas, lai izveidotu tādu interfeisu, kura pamatā ir runātā valoda, nevis grafisks attēlojums, tastatūra un pele. Mūsdienās šāds balss lietotāja interfeiss tiek izmantots daļēji vai pilnībā automatizētos tālruņu pakalpojumos, kurus uzņēmumi piedāvā saviem klientiem, darbiniekiem un partneriem. Balss lietotāja interfeiss ir vairāku biznesa nozaru (piemēram, banku pakalpojumu, piegādes ķēžu, sabiedriskā transporta un telekomunikāciju) darbības pamatā. Runas tehnoloģijas tiek lietotas arī automašīnu navigācijas sistēmās, kā arī viedtālruņos, kur grafisko un skārienjutīgo interfeisu var aizstāt ar balss interfeisu.

Runas tehnoloģija tiek izmantota tādu interfeisu izveidei, kas lietotājiem ļauj sazināties runātā valodā, nevis izmantojot grafisku attēlojumu, tastatūru un peli.

Mutiskā saziņa ietver četras tehnoloģijas:

1. Automātiskā **runas atpazīšana** (ARA) lietotāja runā atpazīst konkrētus vārdus.
2. Sintaktiskā analīze un semantiskā interpretācija analizē lietotāja izrunātā teksta sintaktisko struktūru un interpretē to atbilstoši konkrētās sistēmas mērķim.
3. Dialoga pārvaldība nosaka, kādu darbību veikt atbilstoši lietotāja ievaddatiem un sistēmas funkcionalitātei.

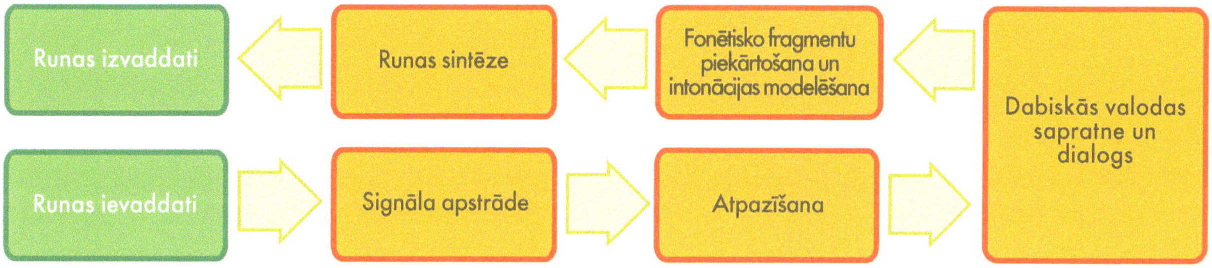

5. attēls. Vienkārša runā balstītas dialoga sistēmas arhitektūra

4. **Runas sintēze** (*text-to-speech*, TTS) sistēmas atbildi pārveido lietotājam saprotamā balss signālā.

Viens no lielākajiem ARA sistēmu izaicinājumiem ir lietotāja runā atpazīt konkrētus lietotāja izteiktus vārdus. Tas nozīmē ierobežot lietotāja iespējamo izteikumu diapazonu līdz noteiktai atslēgvārdu kopai vai manuāli izveidot valodas modeļus, kas aptver plašu dabiskās valodas izteikumu diapazonu. Izmantojot mašīnmācīšanas metodes, valodas modeļus automātiski var ģenerēt no **runas korpusiem**, t.i., plašām runas audiofailu un teksta transkripcijas kolekcijām. Balss lietotāja interfeiss, kurā izmantojami tikai strikti ierobežoti izteikumi, var negūt īpašu lietotāju atzinību, savukārt bagātinātu valodas modeļu izveide, pielāgošana un uzturēšana būtiski palielina izmaksas. Balss lietotāja interfeiss, kurā izmantoti valodas modeļi un kurā lietotāji jau sākotnēji tiek mudināti izteikties daudzveidīgāk, sveicinot ar jautājumu *Kā varu palīdzēt?*, lietotājiem patīk labāk.

Balss lietotāja interfeisa izvades ģenerēšanai uzņēmumi mēdz izmantot iepriekš ierakstītus izteikumus, ko ierunājuši profesionāli diktori. Šāds ierunāts teksts ir ērti izmantojams statiskiem izteikumiem, kuros formulējums nav atkarīgs no konkrētas situācijas vai lietotāja personisko datu konteksta. Ja izteikuma saturs ir dinamiskāks, intonācija var izklausīties nedabiski, jo audiofailu daļas vienkārši tiek savirknētas. Mūsdienās TTS sistēmas tiek uzlabotas, lai atskaņotie izteikumi izklausītos dabiski un dinamiski (tās gan var turpināt optimizēt).

Pēdējo desmit gadu laikā interfeisi runas tehnoloģiju tirgū ir ievērojami standartizēti attiecībā uz to daudzveidīgajiem tehnoloģiju komponentiem. Ir vērojama arī izteikta tirgus konsolidācija runas atpazīšanas un runas sintēzes jomā. G20 valstu (ekonomiski attīstītas valstis ar lielu iedzīvotāju skaitu) tirgus līdz šim ir pārvaldījuši tikai pieci galvenie dalībnieki, no kuriem svarīgākie Eiropas mērogā ir *Nuance* (ASV) un *Loquendo* (Itālija). 2011. gadā *Nuance* paziņoja par *Loquendo* iegādi, kas ir nākamais solis ceļā uz tirgus konsolidāciju.

Latvijā ir īstenoti vairāki runas tehnoloģiju pētniecības projekti, kuros ir izveidotas trīs runas sintēzes sistēmas, kas ir sasniegušas praktiskas lietojamības līmeni: *Tildes TTS* (*Tilde*), *T2S* (LU MII) un *Balss* (SIA *Rubuls & Co*).

Tilde kopā ar Neredzīgo biedrību ir izstrādājusi latviešu valodas teksta–runas sistēmu [35], kuras galvenais mērķis ir palīdzēt vājredzīgiem cilvēkiem lietot datoru latviešu valodā. Šīs sistēmas arhitektūrā ir ietverta izplatītākā teksta–runas pārveide, veicot teksta normalizēšanu, grafēmu pārvēršanu fonēmās, prosodijas ģenerēšanu un skaņas viļņu sintēzi. Lai rezultāts būtu optimāls — runas sintēze notiktu ātri un efektīvi un iegūtā runa būtu kvalitatīva —, tiek izmantota kombinētā pieeja, kas apvieno dažādu garumu runas vienību sintēzi un atlasi. *Tildes TTS* var lejuplādēt internetā [36], un cilvēki ar redzes traucējumiem to var izmantot bez maksas.

Latvijas Universitātes Matemātikas un informātikas institūts ir realizējis vairākus projektus, kas veltīti TTS [37, 38] un runas atpazīšanas problemātikai, kā arī ir izstrādājis TTS sistēmas demonstrācijas versiju [39].
Latviešu valodai un tās relatīvi nelielajam runātāju skaitam nav izstrādāti komerciāli izmantojami automātiskie runas atpazīšanas produkti. Latviešu valodā nav veikti padziļināti pētījumi par runas atpazīšanu, taču LU MII ir veicis atsevišķus eksperimentus par skaņu un atsevišķu vārdu atpazīšanu. *Lattelecom BPO* finansētajā projektā *Latviešu valodas runas sintēzes un analīzes pielietojumi kontaktu centros* tika uzlabota runas sintēzes sistēma un izveidots eksperimentāls runas atpazīšanas modulis, kas paredzēts atsevišķu vārdu atpazīšanai.
Nākotnē paredzamas ievērojamas izmaiņas, kas saistītas ar plašāku viedtālruņu izmantošanu. Papildus fiksētajiem tālruņiem, internetam un e-pastam par jaunu platformu klientu attiecību pārvaldībā kļūs viedtālruņi. Tas ietekmēs arī runas tehnoloģiju izmantošanu. Ilgtermiņā paredzams, ka runātā valoda kļūs par galveno lietotājiem draudzīgo ievades metodi viedtālruņos. Šādu attīstību pārsvarā noteiks no runātāja neatkarīgu balss atpazīšanas sistēmu tālākā attīstība. Šīs sistēmas izmanto centralizētus runas diktēšanas pakalpojumus, kas jau tagad pieejami viedtālruņu lietotājiem.

4.2.4 Mašīntulkošana

Ideja par datoru izmantošanu dabiskās valodas teksta tulkošanā radās 1946. gadā. 20. gadsimta piecdesmitajos un pēc tam astoņdesmitajos gados tika piešķirts ievērojams finansējums šīs idejas izpētei. Tomēr **mašīntulkošana** (MT) joprojām nav sasniegusi savu sākotnējo mērķi — pilnībā automatizēt jebkāda veida tulkošanu.

Visvienkāršākajā līmenī mašīntulkošana vienkārši aizstāj vienas dabiskās valodas vārdus ar citas valodas vārdiem.

Visvienkāršākais mašīntulkošanas veids ir automātiska vienas dabiskās valodas vārdu aizstāšana tekstā ar citas valodas vārdiem. Šāda pieeja var būt noderīga jomās, kurās lieto ļoti ierobežotu, formalizētu valodu, piemēram, laika ziņās. Lai iegūtu labu nestandartizēta teksta tulkojumu, lielākām teksta vienībām (frāzēm, teikumiem vai pat rindkopām) ir jāatrod atbilstošākais ekvivalents mērķa valodā. Lielākās grūtības sagādā cilvēka valodas neviennozīmība. Neviennozīmība rada izaicinājumus vairākos līmeņos, piemēram, atbilstošās vārda nozīmes noteikšana leksikas līmenī (piemēram, jaguārs ir gan automašīnas zīmols, gan dzīvnieks) vai locījuma lietojums sintakses līmenī, piemēram:

- *Sieviete redzēja mašīnu un viņas vīrs arī*
- *Sieviete redzēja mašīnu un viņas vīru arī*

Viens no veidiem, kā izveidot MT sistēmu, ir izmantot valodas likumus. Tulkojot tekstu radniecīgās valodās, var tieši aizstāt tulkojamā teksta vārdus (iepriekš minētais piemērs un līdzīgi gadījumi). Parasti likumos (jeb valodas normās) balstītās sistēmas analizē ievadīto tekstu un izveido tā simbolisku reprezentāciju, no kuras tiek ģenerēts teksts mērķa valodā. Lai šīs metodes varētu veiksmīgi izmantot, ir nepieciešami plaši leksikoni ar morfoloģijas, sintakses un semantikas informāciju, kā arī pieredzējušu lingvistu rūpīgi izveidots apjomīgs gramatikas likumu apkopojums. Tas ir ļoti ilgstošs un dārgs process.
20. gadsimta astoņdesmito gadu beigās, pieaugot datorlietotāju skaitam un samazinoties datoru cenām, radās lielāka interese par mašīntulkošanas statistiskajiem modeļiem. Statistiskie modeļi tiek iegūti, analizējot **paralēlos korpusus**, piemēram, Eiropas Parlamenta paralēlo tekstu korpusu, kurā ir Eiropas Parlamenta dokumenti 21 Eiropas valodā. Ja ir daudz datu, statistiskā MT var pietiekami labi iegūt citas valodas teksta aptuvenu nozīmi, apstrādājot tekstu paralēlas versijas un atrodot līdzīgas vārdu virknes. Taču atšķirībā no valodas

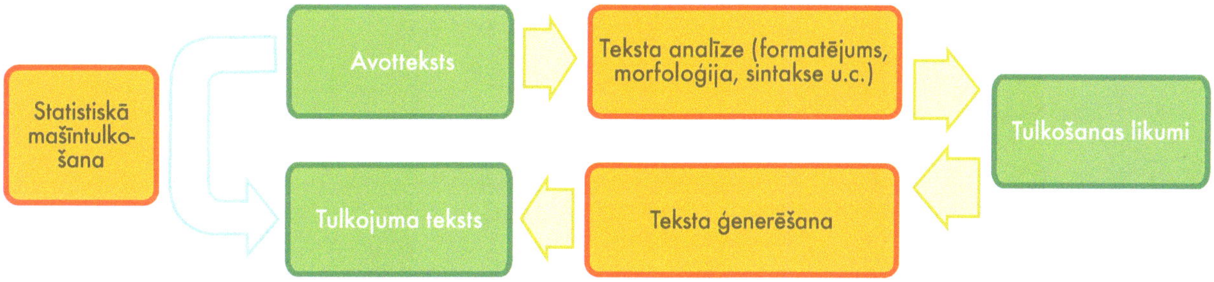

6. attēls. Mašīntulkošana (pa kreisi: statistiskā; pa labi: likumos balstītā)

likumos balstītām sistēmām statistiskā (jeb datos balstītā) MT bieži vien ģenerē gramatiski nepareizu rezultātu. Datos balstītas MT priekšrocība ir tā, ka tajā jāiegulda mazāk cilvēkresursu un tā labāk pielāgojas dažādām valodas īpatnībām (piemēram, idiomām), ko varētu ignorēt valodas likumos balstītas sistēmas.

Latviešu valodā mašīntulkošanai lielākās grūtības rada brīvā vārdu kārtība un milzīgās formveidošanas iespējas.

Valodas likumos un datos balstītas mašīntulkošanas priekšrocības un trūkumi ir saistīti, tāpēc mūsdienās pētnieki izmanto hibrīdpieejas, kurās apvienotas abas metodoloģijas. Viena no pieejām ir izmantot valodas likumos un datos balstītas sistēmas ar atlases moduli, kas nosaka, kura sistēma sniedz vislabāko konkrētā teikuma tulkojumu. Taču garākiem teikumiem, kuros ir ap 12 vai vairāk vārdu, rezultāti bieži vien nebūs apmierinoši. Labāks risinājums ir kombinēt labākās teikuma daļas no vairāku sistēmu tulkojumiem. Šis process var būt diezgan sarežģīts, jo attiecīgās daļas ne vienmēr ir skaidri nosakāmas un tās vēl ir jāsakārto teikumā.

Kopš 20. gadsimta deviņdesmito gadu vidus, kad LU MII izveidoja mašīntulkošanas sistēmu LATRA [40], Latvijā galvenokārt tika izmantota valodas likumos balstītā pieeja. Likumos balstītu MT sistēmu izpēti LU MII veica līdz 2004. gadam, pilnveidojot LATRA ar semantiskām īpašībām un pielāgojot to jaunām nozarēm. Pie valodas likumos balstītas sistēmas kopš 90. gadu beigām strādāja arī *Tilde*, izveidojot komerciālu sistēmu, kas būtu piemērota lietotājiem ar sliktām svešvalodu zināšanām vai pilnīgi bez šīm zināšanām. Programmatūras komplektā *Tildes Birojs 2008* tika iekļauta likumos balstīta MT sistēma [41], kas tulko tekstu no angļu valodas latviešu valodā un no latviešu valodas krievu valodā.

Latviešu valodā mašīntulkošanai, īpaši statistiskajai mašīntulkošanai (SMT), lielākās grūtības rada brīvā vārdu kārtība un daudzveidīgās locījumu formas. Turklāt latviešu valodā nav pietiekami daudz valodas resursu — ir pieejami tikai daži paralēlo tekstu korpusi. Apjomīgāki pētījumi statistiskajā mašīntulkošanā kļuva iespējami, kad tika publicēti paralēlie korpusi ar Eiropas Savienības dokumentu tulkojumiem. 2005. gadā Latvijas Zinātnes padomes finansēto projektu ietvaros LU MII sāka darbu pie SMT [42, 43]. Izstrādātā sistēmas prototipa veiktspēja pēc BLEU punktu vērtējuma bija līdzīga citām tā brīža fleksīvo valodu sistēmām (piemēram, *Euromatrix*). LU MII turpina pētniecisko darbu pie SMT, meklējot veidus, kā uzlabot latviešu valodas tulkojumu rezultātus. Sistēmas jaunākā versija regulāri tiek publicēta tīmeklī [44].

Tilde attīsta MT sistēmas, kombinējot datos balstītu statistisko pieeju ar valodas likumos balstītiem modeļiem, kas ļauj uzlabot tulkojumu kvalitāti [45]. SMT

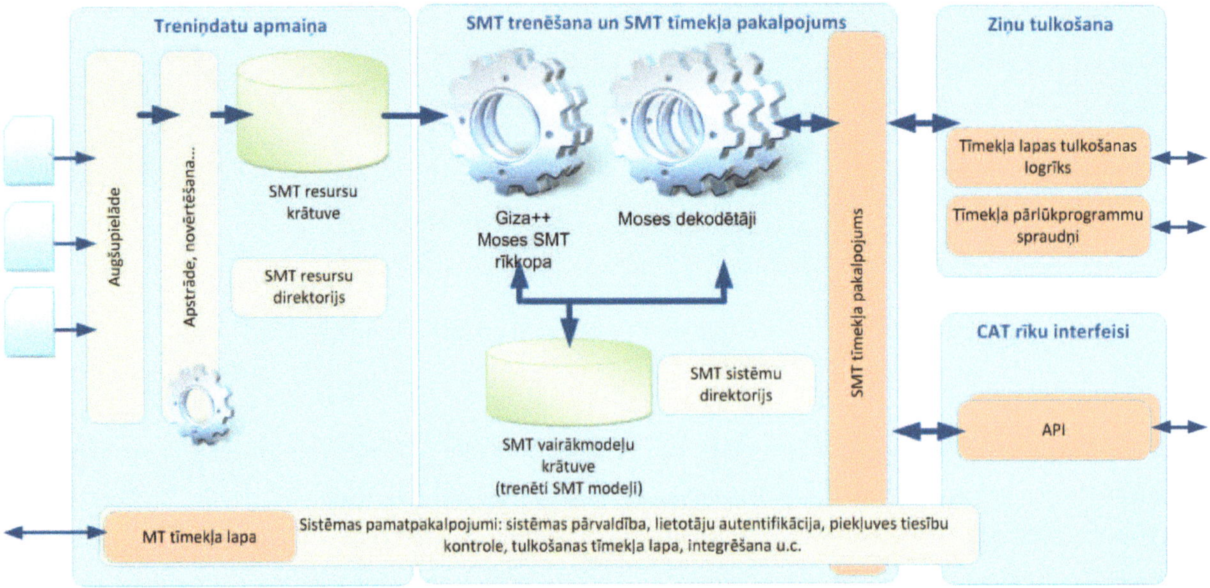

7. attēls. *LetsMT!* arhitektūra

sistēmu trenēšanai tiek izmantoti ne tikai publiski pieejamie resursi, bet arī vairāku gadu laikā apkopotie iekšējie resursi. *Tildes Tulkotājs* pašlaik nodrošina angļu — latviešu un latviešu — angļu SMT sistēmas, kuras tulkošanas kvalitātē apsteidz *Google Translate* un *Bing Translate* tulkotājus latviešu valodai. Tilde attīsta tulkošanas iespējas, iekļaujot arī citus tulkošanas virzienus. *Tildes Tulkotājs* ir publiski pieejams tīmeklī [46] un kā bezmaksas lietojumprogramma *Android* un *iOS* mobilajām ierīcēm. Mašīntulkošanas un datorvārdnīcas iespējas ir apvienotas komplektā *Tildes Birojs*.

Lai attīstītu mašīntulkošanu valodām, kurām nav pietiekami daudz valodas resursu, tostarp latviešu valodai, ir īstenoti vairāki Eiropas Komisijas līdzfinansēti projekti. Eiropas Komisijas IKT atbalsta programmas projektā *LetsMT!* [47] un Septītās pamatprogrammas projektā ACCURAT [48], ko koordinē *Tilde*, ir izstrādātas jaunas metodes, kā vieglāk savākt MT nepieciešamos datus un pielāgot MT sistēmas, kas piemērotas dažādām nozarēm un lietošanas vajadzībām.

Projektā ACCURAT izpētītas jaunas metodes, kā kompensēt valodas resursu trūkumu, izmantojot salīdzināmu tekstu korpusus [49, 50]. ACCURAT pētījumu mērķis ir būtiski uzlabot tulkošanas kvalitāti vairākās ierobežotu resursu valodās (latviešu, lietuviešu, igauņu, horvātu, grieķu un rumāņu), kā arī piedāvāt mašīntulkošanas adaptēšanas metodes specifiskām nozarēm.

Projektā *LetsMT!* [51] izveidota novatoriska tiešsaistes platforma datu apmaiņai un MT sistēmu ģenerēšanai. Šī mākoņa platforma lietotājam nodrošina iespēju augšupielādēt savus resursus *LetsMT!* krātuvē un ar tiem izveidot lietotāja vajadzībām pielāgotas statistiskās MT sistēmas. *LetsMT!* tulkošanas pakalpojumus var izmantot dažādi: kā tīmekļa portāla risinājumu, kā logrīku, kas tulko tīmekļa lapas, kā pārlūkprogrammas spraudni un kā risinājumu, kas integrējams datorizētos tulkošanas (*computer-assisted translation*, CAT) rīkos un dažādās tiešsaistes lietojumprogrammās.

MT sistēmu kvalitāti joprojām vēl var būtiski uzlabot. Izaicinājumi ir saistīti ar valodas resursu pielāgošanu konkrētajai nozarei vai lietotāja specializācijai un integrēšanu esošajās darbplūsmās ar terminu datu bāzēm un tulkošanas atmiņām.

Sekmīgi pielāgojot konkrētai lietotāju kategorijai raksturīgu terminoloģiju un integrējot mašīntulkošanu darbplūsmā, MT lietošana var būtiski palielināt tulkošanas apjomus un kāpināt tulkotāju produktivitāti. Nesen *Tilde* veica eksperimentu par angļu–latviešu SMT izmantojamību lokalizēšanas procesā. Eksperimenta laikā MT sistēma tika integrēta *SDL Trados* tulkošanas vidē. Angļu-latviešu SMT ieteikumu izmantošana papildus *SDL Trados* tulkošanas atmiņām palielināja tulkošanas ātrumu par 32,9%, būtiski nemazinot tulkojuma kvalitāti [52]. Eksperimenta rezultāti skaidri parāda, ka latviešu SMT sistēmas sasniegušas kvalitātes līmeni, kas ļauj tās izmantot lokalizēšanas procesā. SMT sistēma, kas veidota, izmantojot konkrētas nozares un/vai tā paša klienta paralēlos datus, var sasniegt vēl labākus rezultātus.

Dažādu valodu pāru MT sistēmu kvalitāti un dažādas metodes palīdz salīdzināt īpašas novērtējuma kampaņas. 8. attēlā, kas sagatavots EK projektā *Euromatrix+*, ir parādīta valodu pāru tulkojumu kvalitāte; dati pieejami par 22 valodām no 23 oficiālajām ES valodām (netika salīdzināta īru valoda). Rezultāti ir vērtēti pēc BLEU sistēmas [53], kurā augstāks rādītājs nozīmē labāku tulkojumu (cilvēka veikts tulkojums saņemtu aptuveni 80 punktus).

Vislabākie rezultāti (zaļā un zilā krāsā) bija valodām, kurās ir veikti plaši un nozīmīgi pētījumi koordinētās programmās un ir daudz paralēlo korpusu (piemēram, angļu, franču, holandiešu, spāņu un vācu valodā). Valodas ar sliktākiem rezultātiem ir sarkanā krāsā. Šajās valodās nav veikta šāda mēroga pētījumi vai arī šo valodu struktūra būtiski atšķiras no citām valodām (piemēram, ungāru, maltiešu un somu valoda).

4.3 CITAS IZMANTOŠANAS IESPĒJAS

Valodu tehnoloģiju lietojumprogrammu izveidē ir vairāki apakšuzdevumi, kas ne vienmēr ir pamanāmi lietotāja līmenī, taču tie nodrošina būtisku konkrētās sistēmas pamata pakalpojumu funkcionalitāti. Tie visi veido svarīgus pētniecības jautājumus, kas tagad ir kļuvuši par atsevišķām datorlingvistikas apakšnozarēm.
Piemēram, aktīva pētījumu joma ir atbildēšana uz jautājumiem. Šajā jomā ir izveidoti īpaši anotēti tekstu korpusi, un tajā tiek organizēti zinātnieku konkursi. Jēdziens "atbildēšana uz jautājumiem" ir krietni plašāks par atslēgvārdu meklēšanu (kad meklētājprogramma kā rezultātu parāda potenciāli atbilstošu dokumentu kopu) un ļauj lietotājiem uzdot konkrētu jautājumu, uz kuru sistēma sniedz vienu konkrētu atbildi. Piemērs:

> Jautājums: *Cik gadu bija Nīlam Ārmstrongam, kad viņš izkāpa uz Mēness?*
> Atbilde: *38.*

Meklēšana tīmeklī mūsdienās ir acīmredzami saistīta ar atbildēšanu uz jautājumiem, tāpēc ir būtiski izpētīt ar jautājumu uzdošanu saistītās problēmas: kādi jautājumu veidi pastāv, un kā tie jāapstrādā; kā var analizēt un salīdzināt dokumentus, kuros, iespējams, ir atbilde (vai tie dod konfliktējošas atbildes?), un kā no dokumenta izvilkt uzticamu specifisku informāciju (atbildi), ņemot vērā kontekstu.

Valodu tehnoloģiju lietojumprogrammas bieži vien ir iekļautas lielākās programmatūras sistēmās un nodrošina būtisku pamatpakalpojumu funkcionalitāti.

Tas savukārt ir saistīts ar informācijas izvilkšanu (II) — ārkārtīgi populāru un ietekmīgu jomu 20. gs. deviņdesmito gadu sākumā, kad notika būtisks pagrieziens

	Mērķvaloda – Target language																					
	EN	BG	DE	CS	DA	EL	ES	ET	FI	FR	HU	IT	LT	LV	MT	NL	PL	PT	RO	SK	SL	SV
EN	–	40.5	46.8	52.6	50.0	41.0	55.2	34.8	38.6	50.1	37.2	50.4	39.6	43.4	39.8	52.3	49.2	55.0	49.0	44.7	50.7	52.0
BG	61.3	–	38.7	39.4	39.6	34.5	46.9	25.5	26.7	42.4	22.0	43.5	29.3	29.1	25.9	44.9	35.1	45.9	36.8	34.1	34.1	39.9
DE	53.6	26.3	–	35.4	43.1	32.8	47.1	26.7	29.5	39.4	27.6	42.7	27.6	30.3	19.8	50.2	30.2	44.1	30.7	29.4	31.4	41.2
CS	58.4	32.0	42.6	–	43.6	34.6	48.9	30.7	30.5	41.6	27.4	44.3	34.5	35.8	26.3	46.5	39.2	45.7	36.5	43.6	41.3	42.9
DA	57.6	28.7	44.1	35.7	–	34.3	47.5	27.8	31.6	41.3	24.2	43.8	29.7	32.9	21.1	48.5	34.3	45.4	33.9	33.0	36.2	47.2
EL	59.5	32.4	43.1	37.7	44.5	–	54.0	26.5	29.0	48.3	23.7	49.6	29.0	32.6	23.8	48.9	34.2	52.5	37.2	33.1	36.3	43.3
ES	60.0	31.1	42.7	37.5	44.4	39.4	–	25.4	28.5	51.3	24.0	51.7	26.8	30.5	24.6	48.8	33.9	57.3	38.1	31.7	33.9	43.7
ET	52.0	24.6	37.3	35.2	37.8	28.2	40.4	–	37.7	33.4	30.9	37.0	35.0	36.9	20.5	41.3	32.0	37.8	28.0	30.6	32.9	37.3
FI	49.3	23.2	36.0	32.0	37.9	27.2	39.7	34.9	–	29.5	27.2	36.6	30.5	32.5	19.4	40.6	28.8	37.5	26.5	27.3	28.2	37.6
FR	64.0	34.5	45.1	39.5	47.4	42.8	60.9	26.7	30.0	–	25.5	56.1	28.3	31.9	25.3	51.6	35.7	61.0	43.8	33.1	35.6	45.8
HU	48.0	24.7	34.3	30.0	33.0	25.5	34.1	29.6	29.4	30.7	–	33.5	29.6	31.9	18.1	36.1	29.8	34.2	25.7	25.6	28.2	30.5
IT	61.0	32.1	44.3	38.9	45.8	40.6	26.9	25.0	29.7	52.7	24.2	–	29.4	32.6	24.6	50.5	35.2	56.5	39.3	32.5	34.7	44.3
LT	51.8	27.6	33.9	37.0	36.8	26.5	21.1	34.2	32.0	34.4	28.5	36.8	–	40.1	22.2	38.1	31.6	31.6	29.3	31.8	35.3	35.3
LV	54.0	29.1	35.0	37.8	38.5	29.7	8.0	34.2	32.4	35.6	29.3	38.9	38.4	–	23.3	41.5	34.4	39.6	31.0	33.3	37.1	38.0
MT	72.1	32.2	37.2	37.9	38.9	33.7	48.7	26.9	25.8	42.4	22.4	43.7	30.2	33.2	–	44.0	37.1	45.9	38.9	35.8	40.0	41.6
NL	56.9	29.3	46.9	37.0	45.4	35.3	49.7	27.5	29.8	43.4	25.3	44.5	28.6	31.7	22.0	–	32.0	47.7	33.0	30.1	34.6	43.6
PL	60.8	31.5	40.2	44.2	42.1	34.2	46.2	29.2	29.0	40.0	24.5	43.2	33.2	35.6	27.9	44.8	–	44.1	38.2	38.2	39.8	42.1
PT	60.7	31.4	42.9	38.4	42.8	40.2	60.7	26.4	29.2	53.2	23.8	52.8	28.0	31.5	24.8	49.3	34.5	–	39.4	32.1	34.4	43.9
RO	60.8	33.1	38.5	37.8	40.3	35.6	50.4	24.6	26.2	46.5	25.0	44.8	28.4	29.9	28.7	43.0	35.8	48.5	–	31.5	35.1	39.4
SK	60.8	32.6	39.4	48.1	41.0	33.3	46.2	29.8	28.4	39.4	27.4	41.8	33.8	36.7	28.5	44.4	39.0	43.3	35.3	–	42.6	41.8
SL	61.0	33.1	37.9	43.5	42.6	34.0	47.0	31.1	28.8	38.2	25.7	42.3	34.6	37.3	30.0	45.9	38.2	44.1	35.8	38.9	–	42.7
SV	58.5	26.9	41.0	35.6	46.6	33.3	46.6	27.4	30.9	38.9	22.7	42.0	28.2	31.0	23.7	45.6	32.2	44.2	32.7	31.3	33.5	–

8. attēls. 22 Eiropas Savienības valodu mašīntulkošanas rezultāti – MT between 22 EU languages [54]

datorlingvistikas attīstībā. II mērķis ir identificēt specifiskus informācijas fragmentus specifiskās dokumentu klasēs, piemēram, atrast laikrakstos minētos vadošos uzņēmumu pārņēmējus. Izplatīta tēma, kas tiek pētīta, ir arī ziņas par incidentiem saistībā ar terorismu. Šajā gadījumā uzdevums ir aizpildīt informācijas veidni, kurā ir jānorāda vainīgais, mērķis, laiks, vieta un incidenta sekas. Konkrētajai jomai atbilstošas veidnes aizpildīšana ir galvenā II raksturīgā pazīme — tas ir vēl viens "neredzamās" tehnoloģijas piemērs, kas veido skaidri norobežotu pētniecības jomu, kurai praksē jābūt iekļautai atbilstošā lietojumprogrammā.

Teksta tehnoloģiju pētniecība latviešu valodā kopumā ir daudz vājāk attīstīta nekā angļu valodā.

Teksta apkopošana un **teksta ģenerēšana** ir divas robežjomas, kas var darboties gan kā savrupas lietojumprogrammas, gan veikt atbalsta funkcijas pamata lietojumprogrammās. Apkopošanas mērķis ir izvilkt būtiskāko no gara teksta, un tā ir viena no funkcijām, kas ir pieejama *Microsoft* programmā *Word*. Tajā galvenokārt tiek izmantota statistiskā pieeja, kad tekstā tiek identificēti "svarīgie" vārdi (piemēram, vārdi, kas konkrētajā tekstā sastopami ļoti bieži, taču vispārējā valodas lietojumā — retāk) un tiek noteikts, kuros teikumos ir visvairāk šo "svarīgo" vārdu. Pēc tam šos teikumus izvelk un apkopo, lai izveidotu kopsavilkumu. Šajā plaši izplatītajā scenārijā apkopošana vienkārši ir teikumu izvilkšanas forma, un teksts tiek reducēts līdz tajā esošo teikumu apakškopai. Alternatīva pieeja — saistībā ar to arī notiek izpēte — ir avota tekstā neesošu, pilnīgi jaunu teikumu ģenerēšana. Šajā gadījumā ir nepieciešama dziļāka teksta izpratne, līdz ar to pašlaik šī pieeja salīdzinājumā ar citām ir attīstīta daudz vājāk. Kopumā ņemot, teksta ģenerētāji reti tiek izmantoti kā savrupas lietojumprogrammas, bet tiek iekļauti lielākās programmatūras sistēmās, piemēram, klīniskās informācijas sistēmās, kas apkopo, glabā un apstrādā pacientu datus. Atskaišu izveide ir tikai viena no daudzām teksta apkopošanas izmantošanas iespējām.

Visās iepriekš minētajās pētniecības jomās situācija latviešu valodai ir daudz sliktāka nekā angļu valodai. Ir veikti tikai daži eksperimenti saistībā ar latviešu valodas teksta apkopošanu.

4.4 IZGLĪTĪBAS PROGRAMMAS

Valodu tehnoloģijas ir starpdisciplināra joma, kas apvieno valodnieku, datorzinātnieku, matemātiķu, filozofu, psiholingvistu un neirobiologu kompetenci. Daži ar valodu tehnoloģijām saistīti mācību priekšmeti kopš 2003. gada tiek piedāvāti Liepājas Universitātē, to skaitā *Dabiskās valodas apstrāde* informācijas tehnoloģiju maģistra studiju programmas studentiem un *Datorlingvistika* latviešu filoloģijas maģistra studiju programmas studentiem. Nesen datorlingvistikas kursu filoloģijas maģistra studiju programmas studentiem sāka piedāvāt arī Rēzeknes Augstskola.

Latvijas Universitātē tiek apsvērta iespēja piedāvāt ar datorlingvistiku saistītus mācību priekšmetus datorzinātņu bakalaura programmas studentiem. Padziļināta zināšanu apguve šajā jomā tiek plānota komunikācijas un kognitīvo zinātņu maģistra studiju programmas studentiem.

Svarīgs ieguldījums datorlingvistikas zināšanu papildināšanā bija Latvijas doktora studiju programmas studentiem sniegtā iespēja apmeklēt Ziemeļvalstu valodu tehnoloģiju pēcdiploma skolu (*Nordic Graduate School of Language Technology* — NGSLT). Lielākā daļa studentu, kuri klausījās lekcijas NGSLT, ir sekmīgi aizstāvējuši savas zinātņu doktora disertācijas vai pašlaik ir doktora grāda kandidāti.

Jaunas iespējas jaunajiem pētniekiem piedāvā projekts CLARA [55], kas tiek īstenots Marijas Kirī vārdā nosauktajā sākotnējās apmācības tīklu programmā. CLARA mērķis ir apmācīt jaunos pētniekus, lai tie starptautiskas sadarbības ietvaros radītu kopīgu valodas resursu infrastruktūru un to izmantotu jaunu teorētiski un praktiski nozīmīgu valodas modeļu izveidē.

4.5 PROJEKTI UN SASNIEGUMI

Atšķirībā no vairākām citām Eiropas Savienības valstīm Latvijā nav atsevišķas ilgtermiņa programmas valodas tehnoloģiju attīstībai. Lielākā daļa pētījumu ir veikti atsevišķos projektos, ko finansējusi Latvijas Zinātnes padome (LZP), Eiropas struktūrfondi vai Eiropas Komisijas atbalsta programmas [56].

2005.–2009. gadā valsts pētījumu programmās *Informācijas tehnoloģiju zinātniskā bāze* un *Letonika: pētījumi par vēsturi, valodu un kultūru* LZP finansēja divus ar valodu tehnoloģijām saistītus LU MII projektus. Projekta *SemTi-Kamols* [57] mērķis bija izstrādāt un pielāgot semantiskās tīmekļa tehnoloģijas semantiskās analīzes vajadzībām latviešu valodā. Projektā *Latviešu valodas skaidrojošo vārdnīcu un jaunāko aizguvumu datu bāze* galvenokārt tika veikta *Latviešu literārās valodas vārdnīcas* pusautomātiska pārveide mašīnlasāmā formā. Darbs semantisko tehnoloģiju attīstīšanā tiek turpināts divos lielos projektos: valsts pētījumu programmas projektā *Uz ontoloģijām un modeļu transformācijām balstītās jaunās informācijas tehnoloģijas un lietojumi* (2010–2013) un *Semantisko datu bāzu platforma nozaru speciālistiem*, kas tiek finansēts no Eiropas struktūrfondu līdzekļiem. Atbalsts elektronisko resursu izveidei tiek nodrošināts projektā *Latviešu valodas gramatika un elektroniskie resursi* (2010–2013), kas tiek īstenots valsts pētījumu programmā *Nacionālā identitāte (valoda, Latvijas vēsture, kultūra un cilvēkdrošība)*.

Pēdējo gadu laikā LZP ir finansējusi arī dažus mazākus ar valodu tehnoloģijām saistītus LU MII projektus: *Statistiskās mašīntulkošanas metožu izvērtējums angļu–latviešu tulkošanas sistēmā* (2005–2008),

Universālās leksikona sistēmas modelēšana latviešu valodai (2005–2008), *Latviešu valodas vēsturiskā vārdnīca (16.–18. gs.)* (2005–2008), *Datorizētās latviešu-angļu leksikogrāfijas metodes* (2008), *Faktorēto metožu lietojums angļu-latviešu statistiskajā mašīntulkošanas sistēmā* (2009–2012) [44].

2004. gadā Valsts valodas komisija aicināja uzsākt Latviešu valodas nacionālā korpusa izveidi. Šādi korpusi, kas fiksē un atspoguļo reālo valodas lietojumu, ir izveidoti daudzām valodām (piemēram, čehu, poļu, slovēņu, ungāru, krievu, horvātu valodai un citām). Tie nepieciešami mūsdienu prasībām atbilstošu vārdnīcu sastādīšanai, valodas un sociolingvistiskiem pētījumiem, mācību līdzekļu sagatavošanai, pareizrakstības un gramatikas automatizētas pārbaudes līdzekļu izstrādei, automatizētās tulkošanas sistēmu veidošanai un citiem pētījumiem. Tā kā dažādi resursi tiek apkopoti vairākās iestādēs, latviešu valodas tekstu korpusa iniciatīva paredz visus latviešu tekstu korpusus apvienot vienotā tīklā saslēgtā sistēmā. Nozīmīgāko valodas resursu izstrādātāji un turētāji gan akadēmiskajā, gan nozares vidē ir parakstījuši nodomu protokolu, izveidojuši darba grupu un apspriedusi turpmākos praktiskos soļus, taču tālāko darbību kavē finansējuma trūkums.

Kopš 2006. gada Latvija piedalās Eiropas mēroga iniciatīvā CLARIN *(Vienoto valodas resursu un tehnoloģijas infrastruktūra)* [58]. CLARIN mērķis ir novērst pašreizējo sadrumstalotību valodas resursu jomā un izveidot vienotu valodu resursu pētniecības infrastruktūru humanitāro un sociālo zinātņu pētniekiem. CLARIN sagatavošanas posmā (no 2008. gada janvāra līdz 2012. gada jūnijam) apzināti latviešu valodai esošie valodas resursi un tehnoloģijas, noteikti trūkstošie pamatresursi un rīki, veikti sagatavošanās darbi CLARIN centra izveidei LU MII, kā arī izstrādāti vairāki tīmekļa pakalpojumi iekļaušanai infrastruktūrā [58]. Atbalsts CLARIN infrastruktūras izveidei ir minēts Ministru kabineta 2010. gadā apstiprinātajā stratēģiskajā dokumentā *Zinātnes un tehnoloģijas attīstības pamatnostādņu ieviešanas rīcības plāns*. 2012. gada februārī CLARIN ieguva Eiropas pētniecības infrastruktūras konsorcija (*European Research Infrastructure Consortium — ERIC*) juridisko statusu, tādējādi kļūstot par CLARIN ERIC. Latvija apliecinājusi savu vēlmi kļūt par CLARIN ERIC biedru, parakstot saprašanās memorandu un sākot nepieciešamās procedūras, kas tai ļautu kļūt par CLARIN ERIC biedru. Lai noteiktu CLARIN Latvijā darbības prioritātes un sekmētu iekļaušanos CLARIN Eiropas infrastruktūrā, izveidota CLARIN Nacionālā konsultatīvā padome, kas apvieno profesionāļus no valsts institūcijām un privātā sektora, kā arī no dažādām Latvijas pētniecības un izglītības iestādēm, kas veido vai pētniecības vai mācību nolūkos izmanto valodas resursus un rīkus.

Tā kā valodu tehnoloģiju tirgus Latvijā ir ļoti mazs, risinājumus šajā jomā nodrošina tikai daži nozares pārstāvji. 1991. gadā dibinātais uzņēmums *Tilde* [59] ir vadošais valodu tehnoloģiju uzņēmums Baltijas valstīs. Vislielākā pieredze uzņēmumam *Tilde* ir trijās valodu tehnoloģiju jomās: tulkošanas rīki, pareizrakstības pārbaudes rīki un terminoloģijas pārvaldība. *Tildes* izstrādātie valodu programmprodukti tiek plaši lietoti Baltijas valstīs, un tās latviešu valodas tulkošanas un korektūras rīkus izmanto vairāk nekā 350 000 licencētu lietotāju. Uzņēmumā tiek izstrādātas tiešsaistē un mobilajās ierīcēs lietojamas mašīntulkošanas un terminoloģijas sistēmas latviešu valodai, kā arī citām Eiropas valodām. *Tilde* aktīvi piedalās ES pētniecības un attīstības pasākumos, koordinējot vairākus liela mēroga projektus: *EuroTermBank* (eContent), ACCURAT (7. pamatprogramma), *LetsMT!* (ICT-PSP), META-NORD (ICT-PSP) un *TaaS* (7. pamatprogramma).

Cits uzņēmums, kas piedāvā mašīntulkošanas risinājumus, ir *Trident MT* [60] — Ukrainas uzņēmuma *Trident* filiāle Latvijā. Šis uzņēmums piedalās ICT-PSP projektā *itranslate4.eu* [61]. Plaši lietotus latviešu valodas atbalsta risinājumus *Macintosh* datoriem izstrādājis uzņēmums *Deksoft* [62]. Uzņēmums *Algorego* [63] izstrādā elektronisko dokumentu informācijas apstrādes un strukturēšanas risinājumus. Uzņēmums *Datorzinību centrs* [64] izstrādā elektroniskās mācību lietojumprogrammas, tostarp risinājumus valodu apguvei.

Ņemot vērā valodu tehnoloģiju nozīmi latviešu valodas, kā arī citu valodu ilgtspējīgas attīstības nodrošināšanā, 2009. gadā bijušā Latvijas prezidenta Valda Zatlera aizbildniecībā tika sākta iniciatīva *Valodu krasts*. Tās mērķis ir veicināt sadarbību starp pētniecības iestādēm, digitālā satura organizācijām, augstskolām un IT uzņēmumiem, lai attīstītu starptautiskas nozīmes pētījumus un praktiskas izstrādes valodas tehnoloģiju jomā.

Lai nodrošinātu sekmīgu iniciatīvas attīstību valdības līmenī, ir nodibināta *Valodu krasta* vadības grupa, kuru veido piecu nozaru ministri. *Valodu krasta* pirmie projekti ir sekmīgi pabeigti, uzņēmumam *Tilde* sadarbojoties ar *Microsoft Research*. Sadarbības rezultātā būtiski uzlabots *Microsoft* latviešu valodas mašīntulkotājs *Bing Translator*, ieviests jauns modelis lietotāju iesaistei mašīntulkošanas kvalitātes uzlabošanā un izveidota sadarbība terminoloģijas datu apmaiņā.

Turpmākā *Valodu krasta* attīstība tika paredzēta ES struktūrfondu līdzfinansētās programmas *Kompetences centri* ietvaros. Lai veiktu izpēti un attīstību valodu tehnoloģijās un uzņēmējdarbības procesu analīzē, vadošie Latvijas IT uzņēmumi un augstskolas izveidoja IKT kompetences centru. Tas paredzējis veikt dažādus pētījumus un eksperimentālas izstrādes mašīntulkošanā, runas tehnoloģijās un semantiskajā analīzē. Taču šie pētījumi vēl nav uzsākti, jo programmu *Kompetences centri* kavē birokrātiski šķēršļi.

Lai gan valodu tehnoloģiju jomā ir gūti vairāki nozīmīgi sasniegumi, Latvijā trūkst specializētas valsts programmas valodu tehnoloģiju pētniecībai un attīstībai. Pašreizējā izpēte notiek fragmentāri un galvenokārt tiek organizēta īstermiņa projektos, kas sarežģī iestāžu sadarbību ilgtermiņā, kā arī lielāka apjoma pētniecību un resursu izstrādi. Salīdzinājumā ar izdevumiem, kādi par valodu tulkošanu un piekļuvi daudzvalodu informācijai tiek atvēlēti ASV [65], valodas tehnoloģijām atvēlētais publiskais finansējums Eiropā ir relatīvi mazs. Valsts finansējums Latvijā ir vēl ievērojami mazāks nekā daudzās citās Eiropas valstīs, to skaitā kaimiņvalstīs — Igaunijā un Lietuvā.

Kā redzams, iepriekš īstenotie projekti ir veicinājuši vairāku valodu tehnoloģiju rīku un resursu izstrādi latviešu valodai. Nākamajā sadaļā raksturots stāvoklis, kāds pašlaik valodas tehnoloģiju jomā ir latviešu valodai.

4.6 RĪKU UN RESURSU PIEEJAMĪBA

9. attēlā ir apkopots pašreizējais valodas tehnoloģijas atbalsts latviešu valodai. Pieejamo rīku un resursu novērtējumā ņemti vērā vadošo nozares ekspertu atzinumi; atbalsts ir vērtēts atbilstoši septiņiem kritērijiem pēc skalas no 0 (ļoti slikti) līdz 6 (ļoti labi).

Būtiskākie secinājumi par latviešu valodai paredzēto rīku un resursu nodrošinājumu:

- Kaut gan latviešu valodai ir izstrādāti vairāki pamata resursi un rīki, tai trūkst nozīmīgu resursu un rīku, kuru izveide ir komplicētāka. Lai atrisinātu šo problēmu, vissvarīgāk ir izveidot valodu tehnoloģiju programmu, kas koordinētu un atbalstītu valodu tehnoloģiju jomu Latvijā.
- Mašīntulkošanā ir sasniegti visai labi rezultāti, bet kvalitāte ir atkarīga no valodas resursu pieejamības, kas tik mazai valodai kā latviešu valoda ir ierobežota.
- Jo vairāk lingvistisko un semantisko zināšanu nepieciešams tehnoloģiju izveidei, jo lielāki ir trūkumi tehnoloģijas jomā. Padziļinātai lingvistiskajai apstrādei ir nepieciešams daudz lielāks atbalsts.
- Runas un multimodālo resursu izveide ir sākuma stadijā, lielākā daļa resursu latviešu valodā nav pieejami.

	Apjoms	Pieejamība	Kvalitāte	Pārklājums	Gatavība lietošanai	Ilgtspējība	Pielāgojamība
Valodu tehnoloģijas (rīki, tehnoloģijas un lietojumprogrammas)							
Runas atpazīšana	0	0	0	0	0	0	0
Runas sintēze	2	3	4	3	4	3	4
Gramatikas analīze	2,5	2	3	3,5	4	3	4
Semantiskā analīze	1	0	0	0	0	0	0
Teksta ģenerēšana	1	2	1	1	2	1	1
Mašīntulkošana	3	4	3	2,5	4	3	4
Valodas resursi (resursi, dati un zināšanu bāzes)							
Tekstu korpusi	2	4	4	3	3	3	4,5
Runas korpusi	1	0	1	1	1	1	3
Paralēlie korpusi	1	3	2	2	3	4	4
Leksiskie resursi	3	3,5	4	3	4,5	4,5	4,5
Gramatika	2	1	2,5	2	3	4	3

9. attēls. Valodu tehnoloģiju atbalsts latviešu valodai

- Trūkst sarežģītākām valodas tehnoloģijām, piemēram, diskursa apstrādei, informācijas izguvei, apkopošanai un dialogu pārvaldībai, paredzētu rīku un resursu.
- Daudz rīku, resursu un datu formātu neatbilst nozares standartiem, un to ilgstoša izmantošana nav efektīva. Lai standartizētu datu formātus un API, ir nepieciešama saskaņota programma.
- Nenoteikta juridiskā situācija ierobežo digitālā formāta tekstu, piemēram, laikrakstu tiešsaistes publikāciju, izmantošanu lingvistisko un valodu tehnoloģiju empīriskajā pētniecībā, lai trenētu statistiskos valodu modeļus. Pētniekiem kopā ar politiķiem un atbildīgajām amatpersonām jāmēģina panākt izmaiņas normatīvajos aktos, kas ļautu izmantot publiski pieejamos tekstus ar valodu saistītajā pētniecībā un izstrādē.

Vairākās specifiskās latviešu valodas pētniecības jomās pašlaik pieejamās programmatūras funkcionalitāte ir nepilnīga.
Tāpēc pētniecība noteikti ir jāturpina, lai novērstu padziļinātas semantiskās apstrādādes trūkumu tekstiem un samazinātu resursu, piemēram, mašīntulkošanā nepieciešamo paralēlo korpusu, nepietiekamību.

4.7 STARPVALODU SALĪDZINĀJUMS

Pašreizējais stāvoklis attiecībā uz VT atbalstu dažādās valodās krasi atšķiras. Šajā sadaļā ir sniegts novērtējums, kurā iekļautas divas lietojuma jomas (mašīntulkošana un runas apstrāde) un viena pamattehnoloģija (teksta analīze), kā arī pamatresursi, kas nepieciešami VT programmu izveidei. Valodas ir sagrupētas pēc piecu punktu vērtējuma skalas:

- Teicams atbalsts.
- Labs atbalsts.
- Viduvējs atbalsts.
- Fragmentārs atbalsts.
- Vājš atbalsts vai nav atbalsta.

Valodu tehnoloģiju atbalsts tika vērtēts pēc šādiem kritērijiem:

Runas apstrāde: esošo runas atpazīšanas tehnoloģiju kvalitāte, esošo runas sintēzes tehnoloģiju kvalitāte, nozaru pārklājums, esošo runas korpusu skaits un lielums, ar runu saistīto programmu apjoms un dažādība.

Mašīntulkošana: esošo MT tehnoloģiju kvalitāte, aptverto valodu pāru skaits, lingvistisko parādību un nozaru aptvērums, esošo paralēlo korpusu kvalitāte un lielums, pieejamo MT programmu apjoms un dažādība.

Teksta analīze: esošo teksta analīzes tehnoloģiju kvalitāte un pārklājums (morfoloģija, sintakse, semantika), lingvistisko parādību un nozaru aptvērums, pieejamo programmu apjoms un dažādība, esošo (anotēto) tekstu korpusu kvalitāte un lielums, esošo leksisko resursu (piem., *WordNet*) un gramatikas kvalitāte un pārklājums.

Resursi: esošo tekstu korpusu kvalitāte un lielums, runas korpusi un paralēlie korpusi, esošo leksisko resursu un gramatikas kvalitāte un pārklājums.

10.–13. attēlā ietvertie dati liecina, ka ierobežotā VT finansējuma dēļ latviešu valoda ir nodrošināta sliktāk par daudzām citām Eiropas valodām. Taču šī ir kopīga problēma valodām, kurās ir samērā mazs runātāju skaits, piemēram, islandiešu un lietuviešu valodai. Skaidri redzams, ka latviešu valodas VT resursi un rīki nesasniedz angļu valodas un citu plaši pārstāvētu valodu resursu un rīku kvalitāti un nodrošinājumu. Arī angļu valodai joprojām ir vērojams angļu valodas resursu trūkums augstas kvalitātes programmām, kaut arī tā ir līderpozīcijās gandrīz visās valodas tehnoloģiju jomās.

Pašreiz pieejamie teksta analīzes komponenti un valodas resursi tikai daļēji aptver latviešu valodas lingvistiskās parādības un ir izmantojami galvenokārt datorprogrammās, kuras var iztikt ar vienkāršāku dabiskās valodas apstrādi, piemēram, pareizrakstības labošanas programmās.

Taču sarežģītāku programmu, piemēram, mašīntulkošanas, izveidei ir nepieciešami resursi un tehnoloģijas, kas aptver plašu lingvistisko aspektu diapazonu un nodrošina padziļinātu ievadītā teksta semantisko analīzi. Šādu resursu un tehnoloģiju attīstība pavērs jaunas iespējas visdažādāko risinājumu izveidei, tai skaitā kvalitatīvai mašīntulkošanai.

4.8 SECINĀJUMI

Šajā balto grāmatu sērijā esam centušies novērtēt valodu tehnoloģiju atbalstu 30 Eiropas valodām un veikt kvalitatīvu situācijas salīdzinājumu šajās valodās. Nosakot atšķirības, vajadzības un trūkumus, Eiropas valodu tehnoloģiju kopiena un iesaistītie partneri ir sagatavojuši pamatu, lai sāktu plaša mēroga pētniecības un attīstības programmu, kas palīdzētu veidot patiesi daudzvalodīgu, tehnoloģiski spēcīgu Eiropu.

Balto grāmatu sērijas rezultāti parāda, ka valodu tehnoloģiju atbalstā pastāv krasa atšķirība starp dažādām Eiropas valodām. Dažās valodās un lietošanas jomās ir pieejama kvalitatīva programmatūra un resursi, taču citās valodās (parasti "mazajās") ir būtisks šādu resursu trūkums. Daudzām valodām trūkst teksta analīzes pamattehnoloģiju un šo tehnoloģiju izstrādei nepieciešamo resursu. Citām valodām ir pamatrīki un resursi, taču tikpat kā nav iespēju investēt līdzekļus semantiskajā teksta apstrādē. Tāpēc vēl ir daudz darāmā, lai sasniegtu vērienīgo mērķi nodrošināt kvalitatīvu valodu tehnoloģiju atbalstu visām Eiropas valodām, piemēram, izmantojot kvalitatīvu mašīntulkošanu.

Valodu tehnoloģiju vēsture Latvijā ir visai ilga — tā aizsākās jau 20. gadsimta 50. gadu beigās. Tomēr tā Latvijā nekad nav bijusi prioritāra pētniecības joma, tāpēc tai atvēlētais finansējums ir bijis niecīgs. Tas novedis pie diezgan lielas atpalicības valodas ilgtspējai nepieciešamo resursu un rīku jomā. Atpalicība vērojama ne tikai salīdzinot ar lielām valodām, bet arī ar tādām, kurās ir mazāk runātāju, bet kurās tiek īstenota mērķtiecīga valsts programma valodas tehnoloģiju attīstībai, piemēram, ar igauņu valodu.

Turklāt pētniecības un izstrādes finansēšanā trūkst nepārtrauktības: pašreizējais pētniecības darbs ir fragmentārs, un tā veikšana galvenokārt norisinās īstermiņa projektos. Tas apgrūtina apjomīgu resursu izstrādi un ilgtermiņa sadarbību starp dažādām iestādēm. Latviešu valodai ir izveidotas un pieejamas mūsdienīgas tehnoloģijas un vairāki vērtīgi valodas resursi. Taču resursu apjoms un rīku klāsts joprojām ir ļoti ierobežots, un tie nav pietiekami kvalitatīvi un pietiekamā daudzumā, lai izstrādātu tehnoloģijas, kas nepieciešamas patiesi daudzvalodīgai informācijas sabiedrībai.

Steidzami jārisina arī problēma, ko rada datorlingvistikas mācību kursu trūkums Latvijas augstskolās. Pašlaik šādu kursu (tā ilgums ir viens semestris) var apgūt tikai Liepājas Universitātē un Rēzeknes Augstskolā.

Valodu tehnoloģiju tirgus Latvijā ir ļoti mazs, tāpēc nav daudz uzņēmumu, kas nodarbojas ar valodu tehnoloģiju nozares pētījumu rezultātu pārveidošanu praksē lietojamos produktos.

Mūsu pētījumi parāda, ka šo atpalicību var novērst tikai ar neatliekamiem mērķtiecīgiem valsts mēroga pētniecības un tehnoloģiju attīstības pasākumiem, piemēram, valodu tehnoloģiju attīstības programmu. Tikai ilgtermiņa aktivitātes var dot nozīmīgu ieguldījumu, lai izveidotu latviešu valodas resursus, ko varētu izmantot turpmākai pētniecībai un novatorisku produktu izstrādei. Ir nepieciešams liels datu apjoms, un valodu tehnoloģiju sistēmas ir ārkārtīgi sarežģītas, tāpēc ir ļoti svarīgi izveidot jaunu infrastruktūru un saskaņotāku pētniecības organizāciju, lai veicinātu labāku informācijas apmaiņu un sadarbību.

Turklāt pētniecības un izstrādes finansēšanā trūkst nepārtrauktības. Īstermiņa koordinētas programmas mijas ar periodiem, kuros ir niecīgs finansējums vai tā nav vispār. Turklāt trūkst pietiekamas koordinācijas ar programmām citās ES valstīs un Eiropas Komisijas līmenī.

META-NET ilgtermiņa mērķis ir kvalitatīvu valodu tehnoloģiju izveide visām valodām. Lai šo mērķi varētu sasniegt, jāapvieno spēki visām ieinteresētajām pusēm — politiķiem, pētniekiem, uzņēmējiem un plašākai sabiedrībai. Jaunās tehnoloģijas palīdzēs nojaukt pastāvošās barjeras un savienot Eiropas valodas, bruģējot ceļu uz politisku un ekonomisku vienotību kultūru daudzveidībā.

Teicams atbalsts	Labs atbalsts	Viduvējs atbalsts	Fragmentārs atbalsts	Vājš atbalsts vai nav atbalsta
	angļu	čehu	basku	horvātu
		dāņu	bulgāru	islandiešu
		franču	galisiešu	**latviešu**
		holandiešu	grieķu	lietuviešu
		itāļu	igauņu	maltiešu
		portugāļu	īru	rumāņu
		somu	katalāņu	
		spāņu	norvēģu	
		vācu	poļu	
			serbu	
			slovēņu	
			slovāku	
			ungāru	
			zviedru	

10. attēls. Runas apstrāde: valodu tehnoloģiju atbalsts runas apstrādei 30 Eiropas valodās

Teicams atbalsts	Labs atbalsts	Viduvējs atbalsts	Fragmentārs atbalsts	Vājš atbalsts vai nav atbalsta
	angļu	franču	holandiešu	basku
		spāņu	itāļu	bulgāru
			katalāņu	čehu
			poļu	dāņu
			rumāņu	galisiešu
			ungāru	grieķu
			vācu	horvātu
				igauņu
				īru
				islandiešu
				latviešu
				lietuviešu
				maltiešu
				norvēģu
				serbu
				slovāku
				slovēņu
				somu
				zviedru

11. attēls. Mašīntulkošana: valodu tehnoloģiju atbalsts 30 Eiropas valodās

Teicams atbalsts	Labs atbalsts	Viduvējs atbalsts	Fragmentārs atbalsts	Vājš atbalsts vai nav atbalsta
	angļu	franču	basku	horvātu
		holandiešu	bulgāru	igauņu
		itāļu	čehu	īru
		spāņu	dāņu	islandiešu
		vācu	galisiešu	**latviešu**
			grieķu	lietuviešu
			norvēģu	maltiešu
			portugāļu	serbu
			rumāņu	
			slovāku	
			slovēņu	
			somu	
			ungāru	
			zviedru	

12. attēls. Teksta analīze: valodu tehnoloģiju atbalsts 30 Eiropas valodās

Teicams atbalsts	Labs atbalsts	Viduvējs atbalsts	Fragmentārs atbalsts	Vājš atbalsts vai nav atbalsta
	angļu	čehu	basku	īru
		franču	bulgāru	islandiešu
		holandiešu	dāņu	**latviešu**
		itāļu	galisiešu	lietuviešu
		poļu	grieķu	maltiešu
		spāņu	horvātu	
		ungāru	katalāņu	
		vācu	igauņu	
		zviedru	norvēģu	
			portugāļu	
			rumāņu	
			serbu	
			slovāku	
			slovēņu	
			somu	

13. attēls. Runas un teksta resursi: atbalsts 30 Eiropas valodās

PAR META-NET

META-NET ir Eiropas Komisijas finansēts izcilības tīkls. Šajā tīklā šobrīd apvienojušies 54 pētniecības centri no 33 Eiropas valstīm. META-NET veido Daudzvalodu Eiropas tehnoloģisko savienību (*Multilingual Europe Technology Alliance*, META), kas ir augoša Eiropas valodu tehnoloģijas speciālistu un organizāciju kopiena. META-NET stiprina daudzvalodīgas Eiropas informācijas sabiedrības tehnoloģiskos pamatus, tādējādi:

- ļaujot sazināties un sadarboties neatkarīgi no lietotās valodas;
- nodrošinot līdzvērtīgu piekļuvi informācijai un zināšanām jebkurā valodā;
- izstrādājot un paplašinot informācijas tehnoloģiju funkcionalitāti un lietojumu.

META-NET atbalsta ideju par Eiropu kā vienotu digitālā tirgus un informācijas telpu. Tas veicina daudzvalodu tehnoloģiju attīstību visām Eiropas valodām. Šīs tehnoloģijas nodrošina iespēju izmantot automātisko tulkošanu, radīt saturu, apstrādāt informāciju un pārvaldīt zināšanas plašā programmu un nozaru klāstā. Tāpēc lietotāji var ikdienā izmantot intuitīvus valodatkarīgus risinājumus, sākot no datoriem, transporta līdzekļiem līdz pat sadzīves elektronikai.

Kopš tīkla izveides 2010. gada 1. februārī META-NET vadībā jau ir notikuši dažādi pasākumi trīs tīkla darbības virzienos: META-VISION, META-SHARE un META-RESEARCH.

META-VISION veido dinamisku un ietekmīgu partneru sabiedrību, kurai ir kopīgas ieceres un kopīga stratēģiska pētniecības programma (*Strategic Research Agenda*, SRA). Galvenā uzmanība šajā virzienā ir vērsta uz saskaņotas un vienotas VT sabiedrības izveidi Eiropā, dodot iespēju satikties izteikti fragmentētu un daudzveidīgu partneru grupu pārstāvjiem. Šī baltā grāmata ir sagatavota kopā ar vēl 29 izdevumiem citās valodās. Kopīgais tehnoloģiju redzējums ir izstrādāts trijās koncepciju grupās. Lai apspriestu un sagatavotu SRA, balstoties uz šo redzējumu un ciešā sadarbībā ar visu VT sabiedrību, ir nodibināta META Tehnoloģiju padome.

META-SHARE veido atvērtu un funkcionālu resursu apmaiņas tīklu. Krātuvju tīklā ietilps valodu dati, rīki un tīmekļa pakalpojumi, kas ir dokumentēti, izmantojot standartizētus metadatus, un tiek sakārtoti standartizētās kategorijās. Resursiem varēs viegli piekļūt, un tajos varēs meklēt pēc noteiktas sistēmas. Starp pieejamajiem resursiem būs gan bezmaksas atklātā pirmkoda materiāli, gan arī ierobežotas piekļuves, komerciāli maksas materiāli.

META-RESEARCH veicina sadarbību tehnoloģiju radniecīgās jomas. Šajā virzienā tiek mēģināts maksimāli izmantot atklājumus citās jomās, tādējādi veicinot starpnozaru sadarbību, kas būtu noderīga valodu tehnoloģiju attīstībā un risinājumu veidošanā. Šis darbības virziens īpaši pievēršas pētījumu veikšanai mašīntulkošanas jomā, datu identificēšanai un sagatavošanai, valodas resursu apstrādei risinājumu novērtēšanas vajadzībām, rīku un metožu krājumu veidošanai, kā arī semināru un mācību organizēšanai sabiedrības dalībniekiem.

office@meta-net.eu – http://www.meta-net.eu

1

EXECUTIVE SUMMARY

Information technology impacts our lives every day. We typically use computers for writing, communicating, calculating, and searching for information, and increasingly for reading, listening to music, viewing photos and watching movies. We carry small computers – smartphones – in our pockets and use them to make phone calls, write e-mails, get information and entertain ourselves, wherever we are. How does this massive digitisation of information, knowledge and everyday communication affect our language? Will our language change or even disappear?

All our computing devices are linked together into an increasingly dense and powerful global network. However, when Europe's citizens discuss the effects of the Fukushima nuclear accident on European energy policy in online forums and chat rooms, they do so in distinctly separate language communities. What the Internet connects is still divided by the languages of its users. Will it always be like this?

Many of the world's 6,900 languages will not survive in a globalised digital information society. It is estimated that at least 2,000 languages are doomed to extinction in the decades ahead. Many others will continue to play a role in families and neighbourhoods, but not in the wider business and academic world. What are the chances of survival for the Latvian language?

With about 1.5 million native speakers worldwide, the Latvian language is in fact approximately the 150th most spoken language in the world. Latvian is the sole official language of the Republic of Latvia and one of the official languages of the European Union.

Although a relatively high number, 2,035 books and booklets were published in Latvia in 2010, the total number of print copies was only 3,33 million compared to 28,355 million copies in 1991 [3]. Latvian can be heard on numerous radio stations, two Latvian language public television channels and several private TV channels. In addition, many international movies are dubbed into Latvian for TV and theatre viewing.

Latvia is still in the process of recovering from the impact of mass imigration and segregation of its education system by language imposed by the Soviet regime from the 1950's through the 1980's. As a result, for nearly a third of the Latvian population Russian is their native language. During this period Russian was the only language used in a large number of Latvian schools. As an outcome, in 1989 only a fifth of the Russian population considered Latvian their secondary language [4]. The diminished role of Latvian created an anxiety about its gradual extinction.

Now Latvian is protected by a national language policy based on the principle that Latvian is the only official language in Latvia and it is the language for coalescing the different ethnic groups living in Latvia. At the same time the national policy ensures the preservation, development, and use of minority languages in different areas. The government is trying to overcome language segregation by encouraging bilingual education and requiring public secondary schools to teach at least 60% of subjects in Latvian.

At the writing of this paper, now more than 75% of native Russian speakers have good or average Latvian skills, among them almost all (94%) young people (17–25) are more or less proficient in Latvian [5].

There are concerns in Latvia about the threat of the ever-increasing use of Anglicisms, and fears that the Latvian language will become riddled with English words and expressions. But in spite of extensive and various contacts with other languages (Russian, English, German, Polish, Swedish), Latvian has survived and the language maintains its stability. However, as a result of centuries of foreign domination, in modern Latvian one can trace numerous lexical and morphological influences – loanwords, calques, and borrowed idioms which have been fully assimilated.

One good perscription for cultivating our lovely Latvian words and phrases is to actually use them, frequently and consciously; linguistic polemics about foreign influences and government regulations are usually not helpful. Our main concern should not be the gradual Anglicisation of our language, but its complete disappearance from use in major areas of our personal and public lives.

The status of a language depends not only on the number of speakers or books, films and TV stations that use it, but also on the presence of the language in the digital information space and software applications. Here the Latvian language is not so well-placed: Latvian is used on less than 0.1% of the world's websites lagging behind languages like Lithuanian or Slovenian [6]. Although several global software products are available in Latvian versions, many users prefer English or Russian versions.

In the field of language technology, the Latvian language is not so well equipped with products, technologies and resources. Although there are applications and tools for spelling and grammar checking, tokenisation and part of speech tagging, there are rather big gaps that should be urgently filled, especially in respect to speech technologies and large and qualitative language resources. There are electronic dictionaries and applications for automatic translation from and into Latvian. While being very useful to get a general meaning of foreign language texts these are not yet able to produce linguistically and idiomatically correct translations, especially when Latvian is the target language due to the specific linguistic characteristics of Latvian.

Information and communication technologies (ICT) are now preparing for the next revolution. After personal computers, networks, miniaturisation, multimedia, mobile devices and cloud-computing, the next generation of technology will feature software that understands written and spoken sentences, and supports users far better because it speaks, knows and understands their language. Forerunners of such developments are the free online service Google Translate that translates between numerous languages, IBM's supercomputer Watson that was able to defeat the US-champion in the game of "Jeopardy", and Apple's mobile assistant Siri for the iPhone that can react to voice commands and answer questions in English, German, French and Japanese.

The next generation of information technology will master human language to such an extent that human users will be able to communicate using the technology in their own language. Devices will be able to automatically find the most important news and information from the world's digital knowledge store in reaction to easy-to-use voice commands. Language-enabled technology will be able to translate automatically or assist interpreters; summarise conversations and documents; and support users in learning scenarios. For example, it will help local businesses to find customers abroad or immigrants to learn the Latvian language and better integrate into the country's culture.

The next generation of information and communication technologies will enable industrial and service robots (currently under development in research laboratories) to faithfully understand what their users want them to do and then proudly report on their achievements.

This level of performance means going way beyond simple character sets and lexicons, spell checkers and pronunciation rules. The technology must move on from simplistic approaches and start modelling language in an all-encompassing way, taking syntax as well as semantics into account to understand the drift of questions and generate rich and relevant answers.

Not all European languages are equally well prepared for this future. There is a yawning technological gap between English and Latvian, and it is currently getting wider. We see this gap not only in comparison with larger languages, but also comparing with some lesser spoken languages that have benefited from systematic national efforts in advancing language technologies.

Language technology has never been a priority research field in Latvia. There is no dedicated language technology programme, development and research activities are fragmented and mostly organised around short-term projects that complicate the development of larger resources and long-term cooperation between institutions, and only few courses on language technology related studies are available. However, through state research programmes in ICT and Latvian Studies several successful projects were carried out in 2005–2009. After this period the field got far less support resulting in fewer activities in semantics, controlled languages and machine translation. However, there is still a high research potential at research institutes and universities.

Apart from research centres and universities, there are some remarkable achievements by innovative language technology companies. By focusing on usable applications and leading pan-European industry and research collaboration projects co-funded by the European Commission, strong advances have been achieved in translation technologies.

Every international technology competition tends to show that results for the automatic analysis of English are far better than for other languages, including Latvian. Many researchers reckon that these setbacks are due to the fact that, for fifty years now, the methods and algorithms of computational linguistics and language technology application research have first and foremost focused on English. However, other researchers believe that English is inherently better suited to computer processing. Languages such as Spanish and French are also much easier to process than Latvian using current methods. This means that we need a dedicated, consistent, and sustainable research effort if we want to use the next generation of information and communication technology in those areas of our private and work lives where we live, speak and write Latvian.

The Latvian language is not in an immediate danger, even from the prowess of English language computing. However, the whole situation could change dramatically when a new generation of technologies really starts to master human languages effectively. Through improvements in machine translation, language technology will help in overcoming language barriers, but it will only be able to operate between those languages that have managed to survive in the digital world. If there is adequate language technology available, then it will be able to ensure the survival of languages with very small populations of speakers. If not, even 'larger' languages will come under severe pressure. If Latvian is to survive as a viable national language in the developed world, it must be able to meet IT demands. Consequently, systematic efforts and investments in language technology must form an essential part of its language preservation policy.

2

RISKS FOR OUR LANGUAGES AND A CHALLENGE FOR LANGUAGE TECHNOLOGY

We are witnesses to a digital revolution that is dramatically impacting communication and society. Recent developments in digital information and communication technology are sometimes compared to Gutenberg's invention of the printing press. What can this analogy tell us about the future of the European information society and our languages in particular?

> We are currently witnessing a digital revolution that is comparable to Gutenberg's invention of the printing press.

After Gutenberg's invention, real breakthroughs in communication and knowledge exchange were accomplished by efforts such as Luther's translation of the Bible into vernacular language. In subsequent centuries, cultural techniques have been developed to better handle language processing and knowledge exchange:

- the orthographic and grammatical standardisation of major languages enabled the rapid dissemination of new scientific and intellectual ideas;
- the development of official languages made it possible for citizens to communicate within certain (often political) boundaries;
- the teaching and translation of languages enabled exchanges across languages;
- the creation of editorial and bibliographic guidelines assured the quality and availability of printed material;
- the creation of different media like newspapers, radio, television, books, and other formats satisfied different communication needs.

In the past twenty years, information technology has helped to automate and facilitate many of the processes:

- desktop publishing software has replaced typewriting and typesetting;
- Microsoft PowerPoint has replaced overhead projector transparencies;
- e-mail sends and receives documents faster than a fax machine;
- Skype offers inexpensive Internet phone calls and hosts virtual meetings;
- audio and video encoding formats make it easy to exchange multimedia content;
- search engines provide keyword-based access to web pages;
- online services like Google Translate produce quick, approximate translations;
- social media platforms, such as Facebook, Twitter, and Google+, facilitate communication, collaboration, and information sharing.

Although such tools and applications are helpful, they are not yet capable of supporting a sustainable, multilingual European society for all where information and goods can flow freely.

2.1 LANGUAGE BORDERS HINDER THE EUROPEAN INFORMATION SOCIETY

We cannot predict exactly what the future information society will look like. But there is a strong likelihood that the revolution in communication technology is bringing people speaking different languages together in new ways. This is putting pressure on individuals to learn new languages and especially on developers to create new technology applications to ensure mutual understanding and access to shareable knowledge. In a global economic and information space, more languages, speakers, and content interact more quickly with new types of media. The current popularity of social media (Wikipedia, Facebook, Twitter, YouTube, and, recently, Google+) is only the tip of the iceberg.

> A global economy and information space confronts us with more languages, speakers, and content.

Today, we can transmit gigabytes of text around the world in a few seconds before we recognise that the text is in a language we do not understand. According to a recent report from the European Commission, 57% of Internet users in Europe purchase goods and services in non-native languages. (English is the most common foreign language, followed by French, German, and Spanish.) 55% of users read content in a foreign language while only 35% use another language to write e-mails or post comments on the Web [7]. A few years ago, English might have been the lingua franca of the Web – the vast majority of content on the Web was in English – but the situation has now drastically changed. The amount of online content in other European (as well as Asian and Middle Eastern) languages has exploded.

Surprisingly, this ubiquitous digital divide due to language borders has not gained much public attention; yet, it raises a very pressing question: which European languages will thrive in the networked information and knowledge society and which are doomed to disappear?

2.2 OUR LANGUAGES AT RISK

While the printing press helped step up the exchange of information in Europe, it also led to the extinction of many European languages. Regional and minority languages were rarely printed and languages such as Cornish and Dalmatian were limited to oral forms of transmission, which in turn restricted their scope of use. Will the Internet have the same impact on our languages?

> The wide variety of languages in Europe is one of its richest and most important cultural assets.

Europe's approximately 60 languages constitute one of its richest and most important cultural assets and a vital part of its unique social model [8]. While languages such as English and Spanish are likely to survive in the emerging digital marketplace, many European languages could become irrelevant in a networked society. This would weaken Europe's global standing and run counter to the strategic goal of ensuring equal participation for every European citizen regardless of language. According to a UNESCO report on multilingualism, languages are an essential medium for the enjoyment of fundamental rights, such as political expression, education, and participation in society [9].

2.3 LT IS A KEY ENABLING TECHNOLOGY

In the past, investment efforts in language preservation focused on language education and translation. According to one estimate, the European market for translation, interpretation, software localisation and website globalisation was €8.4 billion in 2008 and is expected to grow by 10% per annum [10]. Yet this figure covers just a small proportion of current and future needs for communicating between languages. The most compelling solution for ensuring the breadth and depth of language usage in Europe tomorrow is to use appropriate technology, just as we use technology to solve our transport, energy, and disability needs among others.

Language technology helps people collaborate, conduct business, share knowledge, and participate in social and political debates across different languages.

Digital language technology (targeting all forms of written and spoken discourse) helps people collaborate, conduct business, share knowledge, and participate in social and political debate, regardless of language barriers and computer skills. It often operates invisibly inside complex software systems to help us:

- find information with an Internet search engine;
- check spelling and grammar in a word processor;
- view product recommendations in an online shop;
- hear the verbal instructions of a car navigation system;
- translate web pages via an online service.

Language technology consists of a number of core applications that enable processes within a larger application framework. The purpose of the META-NET language white papers is to focus on how ready these core technologies are for each European language.

Europe needs robust and affordable language technology for all European languages.

To maintain our position in the frontline of global innovation, Europe will need language technology adapted to all European languages, that is robust, affordable, and tightly integrated within key software environments. Without language technology, we will not be able to achieve a really effective, interactive, multimedia, and multilingual user experience in the near future.

2.4 OPPORTUNITIES

In the world of print, the technology breakthrough was the rapid duplication of an image of a text (a page) using a suitably powered printing press. Human beings had to do the hard work of looking up, reading, translating, and summarizing knowledge. We had to wait until Edison to record spoken language – and again his technology simply made analogue copies.

Digital language technology can now automate the very processes of translation, content production, and knowledge management for all European languages. It can also empower intuitive language/speech-based interfaces for household electronics, machinery, vehicles, computers, and robots. Real-world commercial and industrial applications are still in the early stages of development, yet R&D achievements are creating a genuine window of opportunity. For example, machine translation is already reasonably accurate in specific domains, and experimental applications provide multilingual information and knowledge management, as well as content production, in many European languages.

As with most technologies, the first language applications, such as voice-based user interfaces and dialogue systems, were developed for highly specialised domains and often exhibit limited performance. But there are huge market opportunities in the education and entertainment industries for integrating language technologies into games, cultural heritage sites, edutainment packages, libraries, simulation environments, and training programmes. Mobile information services, computer-assisted language learning software, eLearning environments, self-assessment tools, and plagiarism detection software are just some of the application areas where language technology can play an important role. The popularity of social media applications like Twitter and Facebook suggest a further need for sophisticated language technologies that can monitor posts, summarise discussions, suggest opinion trends, detect emotional responses, identify copyright infringements, or track misuse.

Language technology represents a tremendous opportunity for the European Union. It can help address the complex issue of multilingualism in Europe – the fact that different languages coexist naturally in European businesses, organisations, and schools. But citizens need to communicate across these language borders criss-crossing Europe, and language technology can help overcome this final barrier while supporting the free and open use of individual languages. Looking even further forward, an innovative European multilingual language technology will provide a benchmark for our global partners when they begin to enable their own multilingual communities. Language technology can be seen as a form of 'assistive' technology that helps overcome the 'disability' of linguistic diversity and makes language communities more accessible to each other.

Language technology helps overcome the "disability" of linguistic diversity.

Finally, one active field of research is the use of language technology for rescue operations in disaster areas, where performance can be a matter of life and death: future intelligent robots with cross-lingual language capabilities have the potential to save lives.

2.5 CHALLENGES

Although language technology has made considerable progress in the last few years, the current pace of technological progress and product innovation is too slow. Widely-used technologies, such as the spelling and grammar correctors in word processors, are typically monolingual and are only available for a handful of languages. Online machine translation services, although useful for quickly generating a reasonable approximation of a document's contents, are fraught with difficulties when highly accurate and complete translations are required. Due to the complexity of human language, modelling our tongues in software and testing them in the real world is a long, costly business that requires sustained funding commitments. Europe must therefore maintain its pioneering role in facing the technology challenges of a multiple-language community by inventing new methods to accelerate development right across the map. These could include both computational advances and techniques, such as crowdsourcing.

The current pace of technological progress is too slow.

2.6 LANGUAGE ACQUISITION IN HUMANS AND MACHINES

To illustrate how computers handle language and why it is difficult to program them to use it, let's look briefly at the way humans acquire first and second languages, and then see how language technology systems work.

Humans acquire language skills in two different ways: learning from examples and learning the underlying language rules.

Humans acquire language skills in two different ways. Babies acquire a language by listening to the real interactions between their parents, siblings, and other family members. From the age of about two, children produce their first words and short phrases. This is only possible because humans have a genetic disposition to imitate and then rationalise what they hear.

Learning a second language at an older age requires more effort, largely because the child is not immersed in a language community of native speakers. At school, foreign languages are usually acquired by learning grammatical structure, vocabulary, and spelling using drills that describe linguistic knowledge in terms of abstract rules, tables, and examples. Learning a foreign language gets harder with age.

> The two main types of language technology systems acquire language in a similar manner.

The two main types of language technology systems 'acquire' language capabilities in a similar manner. Statistical (or 'data-driven') approaches obtain linguistic knowledge from vast collections of example texts. While it is sufficient to use text in a single language for training, e. g., a spell checker, parallel texts in two (or more) languages have to be available for training a machine translation system. The machine learning algorithm then "learns" patterns of how words, short phrases, and complete sentences are translated.

This statistical approach can require millions of sentences, and performance quality increases with the amount of text analysed. This is one reason why search engine providers are eager to collect as much written material as possible. Spelling correction in word processors and services such as Google Search and Google Translate all rely on statistical approaches. The great advantage of statistics is that the machine learns fast in continuous series of training cycles, even though quality can vary arbitrarily.

The second approach to language technology, and machine translation in particular, is to build rule-based systems. Experts in the fields of linguistics, computational linguistics, and computer science first have to encode grammatical analyses (translation rules) and compile vocabulary lists (lexicons). This is very time consuming and labour intensive. Some of the leading rule-based machine translation systems have been under constant development for more than twenty years. The great advantage of rule-based systems is that the experts have more detailed control over the language processing. This makes it possible to systematically correct mistakes in the software and give detailed feedback to the user, especially when rule-based systems are used for language learning. But due to the high cost of this work, rule-based language technology has so far only been developed for major languages.

As the strengths and weaknesses of statistical and rule-based systems tend to be complementary, current research focuses on hybrid approaches that combine the two methodologies. However, these approaches have so far been less successful in industrial applications than in the research lab.

As we have seen in this chapter, many applications widely used in today's information society rely heavily on language technology. Due to its multilingual community, this is particularly true of Europe's economic and information space. Although language technology has made considerable progress in the last few years, there is still huge potential in improving the quality of language technology systems. In the following, we will describe the role of Latvian in the European information society and assess the current state of language technology for the Latvian language.

3

LATVIAN IN THE EUROPEAN INFORMATION SOCIETY

3.1 GENERAL FACTS

Latvian is the sole state language in the Republic of Latvia and one of the official languages of the European Union. There are about 1.5 million native Latvian speakers worldwide, of which 1.2 million live in Latvia, while the rest are scattered throughout the USA, Russia, Australia, Canada, UK, Germany, Ireland, as well as Lithuania, Estonia, Sweden, Brazil, and other countries. Latvian, though apparently small, is in fact approximately the 150th most spoken language from about 6,900 languages of the world. At least 500,000 non-Latvians speak Latvian besides their own native language. Since regaining independence in 1990, Latvian has had a state language status which extends to all spheres of language use. As a result, more and more minority language speakers in Latvia also now speak Latvian. The 1989 population census data showed that 23% of Latvia's national minorities spoke the Latvian language. According to the 2000 population census data, the number of Latvian speakers among national minorities increased to 53%.

> Latvian is one of the oldest European languages. There are about 1.5 million native Latvian speakers worldwide, of which 1.2 million live in Latvia.

Data of the Population and Housing Census 2011 [11] show that more than 170 various nationalities reside in Latvia. However, due to low birth rates during the time period since the last Population and Housing Census in 2000 the absolute number of persons of all largest ethnic groups has diminished, e. g., Latvian speakers decrease by approximately 5,000 people (0.3%) annually. But the share of Latvians – main ethnicity – in the total number of population in the country as a whole has increased from 57.7% in 2000 to 62.1% currently. The share of Russian residents has reduced from 29.6% in 2000 to 26.9% in 2011, share of Belarusians – from 4.1% to 3.3% of Ukrainians – from 2.7% to 2.2% of Poles – from 2.5% to 2.2% and of Lithuanians – from 1.4% to 1.2%.

Latvian is the native language of 95.6% of Latvians. Among national minorities, Latvian is considered as the native language most often by Lithuanians (42.5%), Estonians (39.2%), and Germans (24.6%). In comparison, 39.6% of Latvia's citizens are native speakers of Russian. For a large number of other national minorities (Jews, Belarusians, Ukrainians, Poles) Russian is their mother tongue and the language of daily communication.

Although often referred to as a new language of a new republic, Latvian, in fact, is one of the oldest European languages with numerous similarities to Sanskrit, the language closest to the original Indo-European language. The Latvian language belongs to the Baltic branch of the Indo-European proto-language family. The Baltic languages are divided into East Baltic and West Baltic languages. There are only two living Baltic languages nowadays: Latvian and Lithuanian, both of which belong to the East Baltic languages. Although

Latvian is kindred to Lithuanian, speakers of both languages cannot communicate with each other freely. The similarity of both languages is like the one between Spanish and Italian, or between Russian and Polish. In the Latvian language, there are 3 dialects: the Central dialect, Tamian, and the High Latvian dialect and more than 500 vernaculars or sub-dialects. These separate dialects are influenced by standardisation, social and culturally historical factors, and are subordinated to the process of improvement and accommodation to a standard literary language. The standard literary language has been developed on the basis of the Central dialect.

The written form of the Latvian language has existed for about 400 years. The first written monuments of Latvian are writings in Gothic script dating to the 16th century when, under the ideas of the Reformation, the clergy attempted to break the divide between the local peasants and the landlords of Teutonic descent. The first great landmark of Latvian writing is the translation of the Bible (1689). Thus, Latvians obtained a powerful literary document, the language of which was to affect the development of written Latvian (the so-called Old Writing) for centuries. It imposed a standard on the written language and was also important as a recognition of the language. It should be noted that the first scripts in Latvian were made by Baltic Germans and were mostly translations. Baltic Germans defined Latvian grammar, produced dictionaries, collected and recorded folksongs, and in general, controlled and dominated the language scene. Genuine Latvian writing started only in the 19th century when national literature and cultural aspirations emerged and Latvian linguistics came into the hands of native speakers. As a result of centuries of foreign domination, in modern Latvian one can trace numerous lexical and morphological influences – loanwords, calques, and borrowed idioms which have been fully assimilated. In spite of extensive and various contacts with other languages (German, Polish, Swedish, Russian, English), the core structure of Latvian has survived, and the language maintains its stability. Latvian is characterised by a complex grammatical system and a certain linguistic conservatism, yet has been very open to outside influences.
Latvian orthography underwent a gradual reform from Gothic to Latin script (with diacritics) in the beginning of the 20th century. Since World War II, there have been two orthographical traditions (with minor differences): the orthography used by Latvians in Latvia and the orthography used by émigré Latvians abroad. In addition, the Latgalian orthographical tradition exists in the eastern part of Latvia.

3.2 PARTICULARITIES OF THE LATVIAN LANGUAGE

Certain linguistic characteristics of Latvian are challenges for computational processing.

The high linguistic quality and rich means of expression of the Latvian language is one of the prerequisites for the stability and competitiveness of the language. The Latvian language exhibits specific characteristics, including:

- pronunciation that almost fully corresponds to the written form
- many grammatical forms and endings due to inflections
- a large number of derived words and derivational means
- free word-order
- punctuation principles: grammar and intonation

The Latvian language uses the phono-morphological basis of orthography. Latvian orthography almost fully corresponds to the pronunciation (diacritical marks are used for identifying the length of a sound, palatalisation and sibilants), and therefore, it is considered to be one of the best systems of orthography. The new orthography (dating to the end of the 19th century) was created by the first Latvian intellectuals, who searched for the most suitable means for the written representation of the Latvian sound system, and found ideas in other languages (for example, letters of the Czech language were selected for sibilants).

The Latvian language uses the phonomorphological basis of orthography.

The first requirement for correct spelling is correct pronunciation (orthoepy). In Latvian, as a general rule, each sound is represented by its letter. In some cases, one sound is represented by two letters (*dz, dž*), while in others one letter represents two sounds (the letter *e* represents the narrow and broad e sounds, the letter *ē* represents the narrow and broad [*ē*] sounds, the letter o represents three sounds: the short vowel [o], the long vowel [ō], and diphthong [*uo*]). With a few minor exceptions, standard Latvian has a fixed initial stress. Long vowels and diphthongs have a tone regardless of their position in the word. Syllable tones of sound intonations (3 types) are one of the rarities present in Latvian. The ancient syllable tone system of the Indo-European languages is also preserved in Lithuanian, Slovenian, and Serbian. (For comparison, tones are also important for other languages, such as Chinese). However, tones may make it difficult to learn a language and frequently may cause misunderstandings, because a lengthening mark or even just a tone may differentiate meanings of a word, for example, 'kazas' (*goats*) and 'kāzas' (*wedding*); 'zāle' with level tone (*hall*) and 'zāle' with broken tone (*grass, herb*). The pronunciation of words based on context must be noted not only by language learners, but also by language technology developers.

Latvian is a synthetically inflected language. It has plenty of grammar forms and endings due to inflections.

The Latvian language is a synthetically inflected language. Its words change their form according to the grammatical function. This means that endings of nouns, pronouns, adjectives, numerals, and verbs change depending on certain features. The main features in Latvian are gender, number, case, tense, voice, degree of comparison, person, definiteness of the ending, mode, and reflexivity. Words belonging to a different part of speech have a different set of features. Different forms are not determined only by different endings. There is also a rich system of derivational affixes. For instance, in Latvian, nouns have 29 graphically different endings, adjectives have 24, and verbs have 28. Across all three word types, only half of the endings are unambiguous; for the rest, multiple base forms may be derived from the inflected form.

Latvian does not have definite or indefinite articles. Definiteness can be indicated by the endings of adjectives. They can be either definite ('*-ais*' for the singular nominative masculine form, e. g., 'lielais', 'garais', and '*-ā*' for the singular nominative feminine form, e. g., 'lielā', 'garā') or indefinite ('*-s*' or '*-š*' for the singular nominative masculine form, e. g., 'liels', 'garš', and '*-a*' for the singular nominative feminine form, e. g., 'liela', 'gara').

Due to the structure of the Latvian language, it has a very rich word-building potential. Mostly, words are built morphologically – by adding affixes (word components) to the stem of the word. Less often, new words are built as compound words, and there are also other methods. New technologies have brought the capability to provide an accurate view on the formation options of words and word forms: computations have shown that in combinations with about 40 word-building affixes the number of possible items might be about 40 million.

Word order is relatively free in Latvian sentences.

The order of sentence parts is relatively free; the grammatical means for marking syntactic relations are mainly endings. For instance, the sentence 'kaķis ķer peli' (*a cat is catching a mouse*) with a direct word order SVO (subject-verb-object) could also be formed with an OVS word order: 'peli ķer kaķis', a VSO word order: 'ķer kaķis peli', or a VOS word order: 'ķer peli kaķis'. There is a tendency to place the word which carries the more important information at the end of the sentence. The most common orders of sentence parts tend to be subject-predicate-complement ('Māsa lasa grāmatu' – '*The sister is reading a book*') or subject-predicate-adverb ('Zēns mācās labi' – '*The boy learns well*').

Latvian punctuation rules are so complicated that it is almost impossible to write without a thorough knowledge of grammar. Latvian punctuation is based on the grammatical punctuation principle, which means that punctuation marks mainly indicate the grammatical link and division between the text and sentence parts. According to the above rule, punctuation marks are used to separate sentences, parts of a compound sentence, equal parts of a sentence, etc.

Besides the grammatical principle, the intonational principle is also important in Latvian punctuation. Based on the latter, punctuation marks are used to mark pauses and provide emphasis for word groups. The intonational principle supplements the grammatical principle to provide a better representation of nuances in the content of text or sentence.

3.3 RECENT DEVELOPMENTS

Although more than ten contact languages have left their traces during the development of the Latvian language in different historical periods, the most significant language competition has been faced from German, Russian, and English.

Over the past decade, there has been a significant increase of English influence. Steady borrowing from English has been present in Latvian for a century, at first through German and Russian. The latest growth of borrowing from English has affected such areas as electronics, information technologies, music, sports, medicine, administration, politics, and also colloquial and slang Latvian. This fast expansion came with the slackening of ideological barriers, diminishing of Russian influence, and Latvia's openness towards the West. The language aspect changed with new incentives. Though in the past English was a major foreign language in Latvian schools (second to Russian), English teaching nevertheless reminded that of Latin, as there were no opportunities of using the language. The political openness that began in late 1980s immediately changed this.

Currently, some adverse trends can be observed in research and higher education. As in many European countries, there is a tendency to give priority to English which poses a threat to the development of the Latvian language. This trend can lead to a deficit of appropriate linguistiç means of expression and an inability to communicate in one's native language in certain professional fields. Negative trends appear also in other fields, such as the entertainment industry, banking, and the finance sector.

Concerns about the language in the Latvian community do not cease. They focus not only on the language's usage, but also on language quality. Changes in traditional culture and exposure to global trends also affect the language. In the global and digitalized environment of new technologies, language must function in an accelerated mode and the consequences are apparent. To name a few, standards of spoken and written language are ambiguous, and there is a lack of authoritative recommendations. The speed of social and political life and the dynamic nature of mass media require new expressions for new concepts. Often, haphazard clichés are selected in haste. Developments are not regulated by official procedures, and terminologists are not efficient enough to propose terms and words that are correct from the point of view of the Latvian linguistic norms in a timely manner. However, haphazard adoption of buzzwords creates risks for many misunderstandings.

In practice redundant foreign words can be successfully replaced by national coinages or appropriate borrowings (e. g., 'ofšors' – 'ārzona', 'kompjūters' – 'dators'). Yet, the percentage of full loans has constantly been very high. With the growth of information in foreign languages, there is an increasing trend to just transcribe words of other languages and add Latvian endings. In fact, the trend is similar to that of the 19th century when the use of Germanisms was widespread. One can assume that the proportion of foreign words is constantly increasing with the speed of emergence of new concepts and growth of vocabulary. There are concerns that too many foreign words are used in Latvian, although there is no study to base this opinion on.

3.4 LANGUAGE CULTIVATION IN LATVIA

Latvian is the only state language in the Republic of Latvia.

Latvian is the only state language in the Republic of Latvia, as provided for by law: Article 4 of the 1922 Constitution, which states that Latvian is the official language of the Republic of Latvia, revised by the 1989 Law on Language, amended in 1992 and consolidated in State Language Law of 1999.

In order to understand the strategy of Latvian language policy, some knowledge of historical background is required. During the 16th–19th centuries, German served as the key language for sociolinguistic functions. After the Great Northern War (1700–1721), the territory of Latvia was subjugated by Russia, however, a special agreement was signed on the use of German in the administrative and culture areas. Since the end of the 18th century, the Latvian language was developing in the background of an increased competition from the German and Russian languages. The speakers of Latvian were subject to covert, or overt, germanisation and russification. Russification grew in strength at the turn of the 19th and 20th centuries and became threatening during the Soviet period when Latvia was annexed by the USSR. As a result, Latvian was close to becoming an endangered language with Russian dominating all public spheres, except for Latvian culture and education. The Latvian population was in danger of becoming a minority in its own land. Now, thanks to the state language policy, the situation of the Latvian language is slowly improving.

Latvian language policy is complex and difficult to implement due to the extremely high proportion of ethnic minorities.

Latvian language policy is complex and difficult to implement due to the extremely high proportion of ethnic minorities that comprise nearly 40% of the population. These minorities include Russians, Byelorussians, Ukrainians, Poles, Lithuanians, Jews, Roma, Germans, Tatars, Armenians, Estonians and other nationalities. The Slavic minorities were russified during the Soviet occupation when according to the communist dogma only two languages could exist in Latvia – Latvian and Russian. As the post-Soviet ethnic situation was so unfavourable and explosive, Latvian language policy was developed by aligning it as much as possible with international instruments on human rights. Recommendations of international experts on minority rights were carefully followed.

"National identity, civil society and integration policy guidelines (2012–2018)" (2011) is the document that defines the policy in the field of national identity building, civil society development and harmonious integration of all ethnic minorities [12]. The objective of the state programme is the development of united civic society and harmonious integration of all ethnic minorities. Among the major tasks are support for Latvian language training and reform of the education system, which was segregated in Russian and Latvian schools during the Soviet rule, as well as the protection of language rights for minorities in Latvia.

Article 5 of the 1999 State Language Law, however, adds that any language other than Latvian is considered a foreign language. An exclusive status is applied to the Liv language: the Livs are the only ethnic minority with indigenous status in Latvia. Unfortunately, there remain only about 20 speakers of the Liv language.

Today, the Latvian language is used in all spheres of life. Law regulates the use of the state language in state, municipal, judicial, and educational institutions, as well as in other agencies and businesses. Official, business, and legal meetings, and those which take place in public service institutions, must be carried out in Latvian or provide for an interpretation of the discussion in the state language, if at least one participant requests it. The same provisions apply to the private sector "to the level which is considered to be necessary", an expression which leaves a large margin for manoeuvre in practice. The law does not apply to private communications, languages used in a religious context, or internal exchanges between certain ethnic groups.

A strong step towards strengthening the Latvian language was determining levels of language proficiency for certain professions and jobs. In 1995, the Latvian Government set up the National Latvian Language Learning Program. In 2004, it created the National Agency for Learning Latvian, which offered free language lessons to professionals for whom knowledge of Latvian is imperative, such as police and medical staff, but also for large sections of the working population.

The institutions in charge of the language policy are the Saeima (the Parliament), the Cabinet of Ministers, the Ministry of Education and Science, municipalities, universities, and schools. The Latvian Language Agency is the state regulatory authority, supervised by the Minister of Education and Science, which focuses on the language policy and its implementation and also provides consultation services on language issues and the Latvian language teaching tools.

The State Language Centre was created in 1992 for the control of the observance of language laws and is now also responsible for the translation of European Union and NATO documents. It includes the Commission of Latvian language experts that is authorised to make decisions regarding spelling and other language usage.

The Terminology Commission of the Latvian Academy of Sciences is the main institution for the development of unified, coordinated and harmonized terminology. New terms are coined, and terminology issues are discussed in the subcommissions for specific domains.

A kind of umbrella function is assigned to the State Language Commission, operating under the President of Latvia. Heads of all of the above institutions, representatives of universities, and community representatives are members of the Commission. Resolutions of the Commission are only advisory in nature.

Since the restoration of independence in 1990, the Latvian language continues to change considerably and the changes never cease. There is a tendency for language purists to react negatively to the current changes in language. This tendency is identifiable in the manifestation of general expressions such as "the language is cluttered up", "there is a considerable decline", and "unwelcome phenomena". Purists would like to stabilise the vocabulary of the literary language by using solely Latvian resources to build new words. In circulation, however, words borrowed from other languages adapt faster and easier than native neologisms. For example, translation of *'marketing'* – 'tirgzinība' failed to be accepted, because mass media preferred usage 'mārketings', which became popular in colloquial speech.

In order to promote the formation of words for new concepts in Latvian, that are linguistically correct and, at the same time, are widely accepted by users, an annual survey *Word and Antiword of the year* is organized. Some successful neologisms (e. g., 'mēstule' – *spam*, 'zīmols'– *brand*, 'vingrums' – *fitness*) have gained wide appreciation. However, only a handful of words are highlighted annually, while the number of new concepts waiting for their Latvian designation is huge.

3.5 LANGUAGE IN EDUCATION

In 1991, the Law of Education defined language policy in education and stated that any language other than Latvian has the status of a foreign language. In 2004 legislation was amended to require that 60% of secondary school content be taught in Latvian. In the autumn of 2006, 73.5% of 11th grade students studied in Latvian programmes.

Unfortunately, the legal framework and the actual situation do not always fit together well. The situation in the Russian minority schools is unusual. Most lessons are given in Russian, with some teaching in Latvian. These schools are finding it difficult to work towards the 60% of lessons to be taught in Latvian, as required by law.

Language policy in education was defined by the Law on Education of 1991, in which it was stated that any language other than Latvian has the status of a foreign language.

In the 2010/2011 academic year, the total number of students in general full-time education programmes was 216,307. Latvian was the language of instruction for 73.11% (158,137 students), Russian – for 26.18% (56,636 students), and other languages of instruction – for only 0.71% (1,534 students).

Article 41 of the 1998 Law on Education states that educational institutions may offer programmes adapted for national minorities as long as they are in accordance with the Ministry's regulations on education, but that these programmes must be accompanied by subjects taught in the national language. The Russian community in Latvia has reservations about these provisions.

Recently, there was a controversy regarding the submitted initiative for amendments in Article 112 of the Constitution to achieve a gradual transfer to the Latvian language as the sole language of instruction in all nationally funded schools starting from September 1, 2012. If minority schools were to transfer to the Latvian language of instruction, a uniform and cheaper system for language teaching would be among the benefits. However, representatives of national minorities argued that their children have the right to receive education in their native tongue and the initiative did not gain the necessary support.

This was followed by a national referendum (instigated by some Russian community politicians) on February 18, 2012 about ammendments in the Constitution providing Russian as the second official language in the Republic of Latvia. 24,88% of the voters supported this proposition while a huge majority of 74,8% voted against it (0,32% of the ballot papers were considered invalid) [66].

According to the Education Law and the Law on Institutions of Higher Education, Latvian must be the only language of instruction in public institutions of higher education. Language of instruction is not regulated within private universities. However, there are several requirements: 1) examinations of professional qualifications must be taken in the state language; 2) works and papers for academic and research degrees must be developed and presented in the state language unless there are other stipulations provided for in the law; 3) the improvement of professional skills and retraining financed by the state or municipal budget funds is to be carried out in the state language.

The language situation in higher education is directly dependent on the language and education policy in Latvia and in the EU. In the context of language policy, there are two essential objectives:

- To provide higher education that is able to prepare specialists, researchers, and scholars who are competitive on a global scale. This means that these professionals must have a very good command of foreign languages.
- Every country must be committed to ensure comprehensive functioning of its national language in higher education and science.

We can say that laws and regulations adopted in Latvia ensure the retention of the dominant role of the official language in the higher education system in Latvia, while providing opportunities to master professional qualifications, knowledge on a competitive level, also in other EU languages (mostly English). However, as in many other European countries, with the increase in foreign exchange programmes and the necessity to acquire and provide professional information in foreign languages, the language of priority for higher education and science in Latvia has a tendency to switch to English.

3.6 INTERNATIONAL ASPECTS

Latvian is one of the official languages of the European Union. Every resident is entitled to apply to EU institutions in Latvian and receive a reply in Latvian. The position of Latvian gains strength also due to the state language policy. In addition, due to its rich folklore heritage and the complex and ancient language system, Latvian is used by linguists from other countries for research. The detailed rules and principles of Latvian grammar may serve as a base for research on machine translation systems and other language technology products targeted for minor languages.

Support of the Latvian language abroad is provided in two areas:

- support of Latvian as a foreign language at universities abroad (Latvian can be learned in 22 universities worldwide);
- support of the Latvian language among the various diasporas.

Several Latvian institutions of higher education and the Latvian Language Agency cooperate with foreign universities regarding the teaching of Latvian. The latest accomplishment is the opening of a lecturer position to organise Latvian language courses and to teach a course on Latvian cultural history (in English) at the Beijing Foreign Studies University in China for the 2011/2012 academic year.

There are many possibilities to learn Latvian in its neighbouring country Lithuania. Since 1995, there is the Letonika Centre of the Vytauto Magnus University in Kaunas. The accession of Lithuania and Latvia to the European Union enlarged the range of opportunities to develop academic connections: *Socrates / Erasmus* agreements were signed with a number of universities covering not only the exchange of students, but also teachers, and also provided sufficient financial support. Note that since 2008, Latvian is included in the curricula of Lithuanian secondary schools as the third optional foreign language. It can be learned in several secondary schools located near the Latvian border.

During the past 150 years, political and socioeconomic factors have contributed to the spread of the Latvian diaspora throughout the world. Preliminary data show that more than 1/10 Latvians reside outside Latvia currently.

Among the tasks of the long-term program approved by the Latvian government are: to supply study aids and manuals to associations of Latvian diaspora, to strengthen Sunday school networks, to provide teachers of Latvian language and literature, to provide opportunities for the younger generation of the Latvian diaspora to study at Latvian universities, and to support persons who wish to repatriate.

The 2009 survey *Usage of Language in Diaspora: Evaluation of Policy of Latvia and Experience of Other Countries* [14], performed by the Latvian Language Agency with support from the Norwegian government, urges proactive actions to prevent expansion of the gap between the state and the new diaspora.

The Latvian Language Agency has supported different teaching activities in the Russian Federation and Ireland. It has prepared two programs: the Latvian language learning program for the diaspora and a further education program for teachers who work in the diaspora. From 2007 till 2009 the training programme for teachers involved 61 participants from 14 countries.

3.7 LATVIAN ON THE INTERNET

To address the synergy between language and technology, the State Language Commission has set the following key goal: Latvian shall be provided with a full software support in all popular technologies. The support shall be of high quality as well as maintained and developed in pace with the development of new technologies. It shall be also widely applied and accessible for every user. To reach these goals, the following priority tasks have been highlighted: to develop language technologies, to ensure the availability and application of these technologies in widely used systems, to develop the regulations for the use of Latvian in computer systems, to promote the development and implementation of Latvian terminology in IT and telecommunications.

The State Language Commission has set the following key goal: Latvian shall be provided with a full software support in all popular technologies and it should be developed in pace with the development of new technologies.

According to a survey in the Discovery News website, there are 1,369,600 Latvian language Internet users. *TNS Latvia*, a market, public opinion, and media research agency, has gathered the latest results of the Internet audience survey for the winter of 2011. On average, 64% or 1,123,000 residents of Latvia between the ages of 15 and 74 have used the Internet in the last six months. This is 4% more than in the winter of 2010. The fastest growth of Internet users in Latvia is between the ages of 20 and 29.

The role of the Internet in business is confirmed by the survey carried out by *GARM Technologies* in cooperation with the Latvian Internet Association. According to the survey, the disappearance of the Internet would have an adverse effect on the operation of 37% of companies, and would cause 4% to stop the operation.

The language used on the Internet is specific, has certain traditions, and may show characteristics of linguistic impunity. There are services on the Internet where the language usage is edited. However, there are extensive materials available to the public where language is not edited. Internet communication introduces methods and vocabulary not previously used: graphical characters like "smileys" for the expression of emotions, omission of diacritic marks, unusual abbreviations, colloquialisms, and slang. The Internet, just like other means of communication, is the source of language facts reflecting the development trends of a language.

The growing importance of the Internet is critical for language technology. The vast amount of digital language data is a key resource for analysing the usage of natural language, in particular, for collecting statistical information about patterns. The Internet offers a wide range of application areas for language technology.

It is important to ensure that content in Latvian is well represented on the Internet.

The most commonly used web application is search, which involves the automatic processing of language on multiple levels, as will be shown in more detail later. Web search involves sophisticated language technology that differs for each language.

It is important to ensure that content in Latvian is well represented on the Internet. The National Library of Latvia is creating the Latvian National Digital Library "Letonica", including digitised collections of newspapers, pictures, maps, books, sheet-music, and audio recordings. Its aim is to digitise library collections and make them accessible on the web. With more than 350,000 pages, the collection *Periodicals* [15] offers 40 newspapers and magazines in Latvian, German, and Russian dating from 1895 to 1957.

Online encyclopaedias, dictionaries, literary works, and language tools are provided at the portal Letonika.lv developed by Tilde. Letonika.lv includes numerous general and specialised dictionaries for 20 translation directions: from English, French, German, and Russian into Latvian and vice versa, Latvian-Lithuanian, Lithuanian-Latvian, Estonian-Latvian, as well as more than 40 terminological dictionaries. The online collection of Latvian literature includes 200 full text works and collections of 22 authors with a total volume of 22,000 digitised pages.

The Institute of Mathematics and Computer Science (IMCS) of the University of Latvia offers a large collection of digital content, including lexical resources, texts and corpora, and computer-assisted teaching aids. Most resources are available on the web [16] and are used in humanities research and education. Among corpora collected by IMCS are the *Balanced Corpus of Modern Latvian* [17] (ca. 3.5 million running words), the *Latvian Web Corpus* (ca. 100 million running words), the *Corpus of the Transcripts of the Saeima's (Parliament of Latvia) Sessions* (more than 20 million running words), the *Corpus of Early Written Latvian Texts* [18, 19], and a collection of classical Latvian literature.

IMCS has collected numerous Latvian dictionaries – mainly explanatory dictionaries and dictionaries of terminology. The main resources include: an electronic version of Mülenbach-Endzelin "Lettisch-deutsches Wörterbuch" [20], the Dictionary of Standard Latvian Language (with ca. 64,000 entries), and the Explanatory Dictionary which contains more than 150,000 entries from about 120 Latvian dictionaries from different times and domains.

E-learning materials developed by IMCS comprise e-courses, e-books, teaching aids, exercises, and tests for different levels of language learners, starting from elementary school and ending with secondary school. In order to assist deaf children, a sign language dictionary has been developed. Most of e-learning materials are included in the *Latvian Education Information System LIIS*.

The Terminology Commission of the Latvian Academy of Sciences publishes official terminology in two large online databases: www.termnet.lv (approximately 150,000 terms) and termini.lza.lv/akadterm. The former database is also integrated with the largest European terminology portal EuroTermBank [21].

The extensive online collection of Latvian folklore resources is created by the Institute of Literature, Folklore and Art of the University of Latvia and the Archives of Latvian Folklore [22], including numerous audio and video recordings. The collection of Latvian folk songs *Dainu skapis* collected by Krišjānis Barons is included in the UNESCO Memory of the World list and its digitised version is accessible online [23]. Dialect materials are collected by the Latvian Language Institute and regional universities, such as the Folklore and Language Centre of Courland [24].

In the CLARIN project, Latvian language resources and tools were identified and registered in the CLARIN Repository [25] which currently lists 34 resources and 11 tools.

Internet users and providers of web content can also use language technology in less obvious ways, for example, by automatically translating web page content from one language into another. Despite the high cost of manually translation, comparatively little language technology has been developed and applied to the issue of website translation. This may be due to the complexity of the Latvian language and to the range of different technologies involved in typical applications.

The next chapter gives an introduction to language technology and its core application areas, together with an evaluation of current language technology support for Latvian.

4

LANGUAGE TECHNOLOGY SUPPORT FOR LATVIAN

Language technologies are software systems designed to handle human language and are therefore often called "human language technology". Human language comes in spoken and written forms. While speech is the oldest, and in terms of human evolution the most natural form of language communication, complex information and most human knowledge is stored and transmitted in written texts. Speech and text technologies process or produce these different forms of language, though they both use dictionaries and rules of grammar and semantics. This means that language technology (LT) links language to various forms of knowledge, independently of the media (speech or text) it is expressed in. Figure 1 illustrates the LT landscape. When we communicate, we combine language with other modes of communication and information media – for example, speaking can involve gestures and facial expressions. Digital texts link to pictures and sounds. Movies may contain language in spoken and written form. In other words, speech and text technologies overlap and interact with other technologies that facilitate the processing of multimodal communication and multimedia documents.

In the following, we will discuss the main application areas of language technology, i. e., language checking, web search, speech technology, and machine translation. This includes applications and basic technologies such as:

- spelling correction
- authoring support
- computer-assisted language learning
- information retrieval
- information extraction
- text summarization
- question answering
- speech recognition
- speech synthesis

Language technology is an established area of research with an extensive set of introductory literature. The interested reader is referred to the following references: [26, 27, 28, 29, 30].

Before discussing application areas mentioned above, we will shortly describe the architecture of a typical LT system.

4.1 APPLICATION ARCHITECTURES

Software applications for language processing typically consist of several components that mirror different aspects of language. Figure 2 shows a highly simplified architecture that can be found in a typical text processing system. The first three modules handle the structure and meaning of the text input:

- Preprocessing: cleans the data, analyses or removes formatting, detects the input language, and so on.

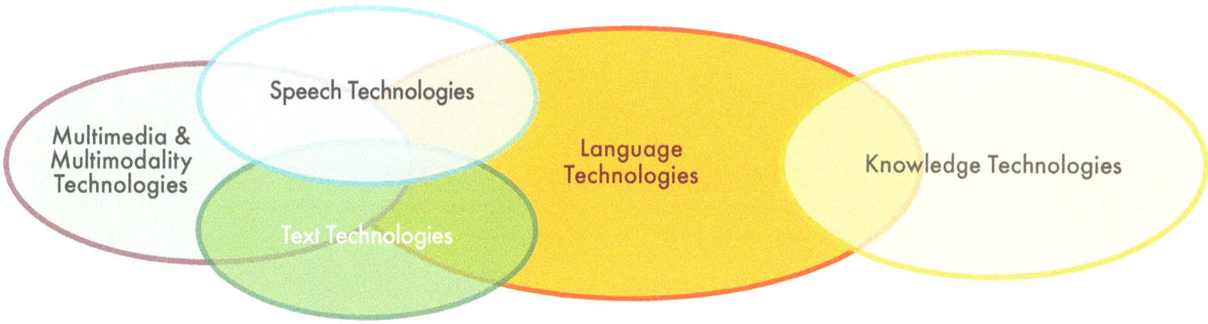

1: Language technologies

- Grammatical analysis: finds the verb, its objects, modifiers and other sentence elements as well as detects the sentence structure.
- Semantic analysis: performs disambiguation (i. e., computes the appropriate meaning of words in a given context); resolves anaphora (i. e., which pronouns refer to which nouns in the sentence) and substitute expressions; and represents the meaning of the sentence in a machine-readable way.

After analysing the text, task-specific modules can perform other operations, such as automatic summarisation and database look-ups. This is a simplified and idealised description of the application architecture and illustrates the complexity of LT applications.

After introducing the core application areas for language technology, we shall provide a brief overview of the state of LT research and education today, and end with an overview of past and present research programmes. We shall then present an expert estimate of core LT tools and resources in terms of various dimensions such as availability, maturity, and quality. The general situation of LT for the Latvian language is summarized in a table.

4.2 CORE APPLICATION AREAS

In this section, we focus on the most important LT tools and resources and give an overview of LT activities in Latvia. Tools and resources that are **boldfaced** in the text can also be found in figure 8 (p. 75) at the end of this chapter.

4.2.1 Language Checking

Anyone who has used a word processor such as Microsoft Word knows that it has a spelling checker that highlights spelling mistakes and proposes corrections. The first spelling correction programs compared a list of extracted words against a dictionary of correctly spelled words. Today these programs are far more sophisticated. Using language-dependent algorithms for **grammatical analysis**, they detect errors related to morphology (e. g., plural formation or palatalisation) as well as syntax–related errors, such as a missing verb or a conflict of verb-subject agreement (e. g., *she *write a letter*). But most spell checkers will not find any errors in the following text [31]:

> I have a spelling checker,
> It came with my PC.
> It plane lee marks four my revue
> Miss steaks aye can knot sea.

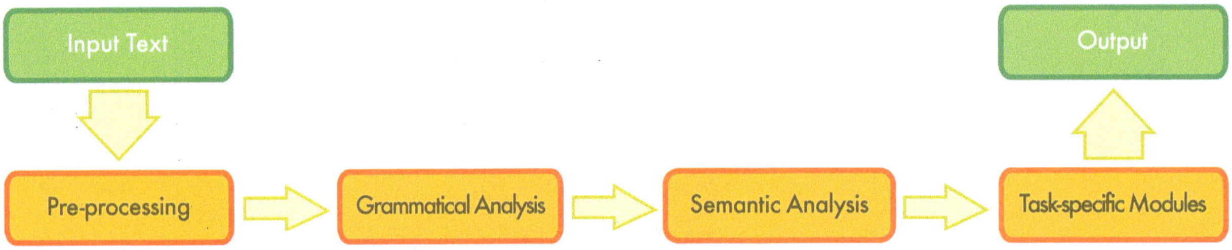

2: A typical text processing architecture

Handling these kinds of errors usually requires an analysis of the context. For example, whether a word needs to be capitalised in Latvian or not:

- Viņa dzīvo Mazā Dārza ielā.
  [She lives on Small Garden Street.]
- Viņa dzīvo mazā dārza mājā.
  [She lives in small garden house.]

This type of analysis either needs to draw on language-specific **grammars** laboriously coded into the software by experts, or on a statistical language model. In this case, a model calculates the probability of a particular word as it occurs in a specific position (e. g., between the words that precede and follow it). A statistical language model can be automatically created by using a large amount of (correct) language data (called a **text corpus**). Most of these two approaches have been developed around data from English. Neither approach can transfer easily to Latvian because the language has a flexible word order and a rich inflection system.

The use of language checking is not limited to word processors; it also applies to authoring support systems.

Language checking is not limited to word processors; it is also used in "authoring support systems", i. e., software environments in which manuals and other documentation are written to special standards for complex IT, healthcare, engineering and other products. Fearing customer complaints about incorrect use and damage claims resulting from poorly understood instructions, companies are increasingly focusing on the quality of technical documentation while targeting the international market (via translation or localisation) at the same time. Advances in natural language processing have led to the development of authoring support software, which helps the writer of technical documentation use vocabulary and sentence structures that are consistent with industry rules and (corporate) terminology restrictions.

The first spelling checker for Latvian was developed in 1995 by Tilde. The spelling checker verifies the spelling of every word, and offers to replace the misspelled word with the correct one. It automatically changes words that are unambiguously misspelled. Every year Tilde's team improves the spelling checker by including new lexical items, adding new features (e. g., Intelligent AutoCorrect), integrating into the latest software applications. Now the Latvian spelling checker recognizes more than 22 million forms generated from more than 130 thousand lemmas. Microsoft licensed the Latvian Spelling Checker from Tilde and includes it into the *Microsoft Office* software suite. Tilde has also integrated its spelling checker into the *Open Office* and *LibreOffice* software suites.

Tilde also has developed a hyphenation tool for Latvian. It puts hyphens in the Latvian words in the text accord-

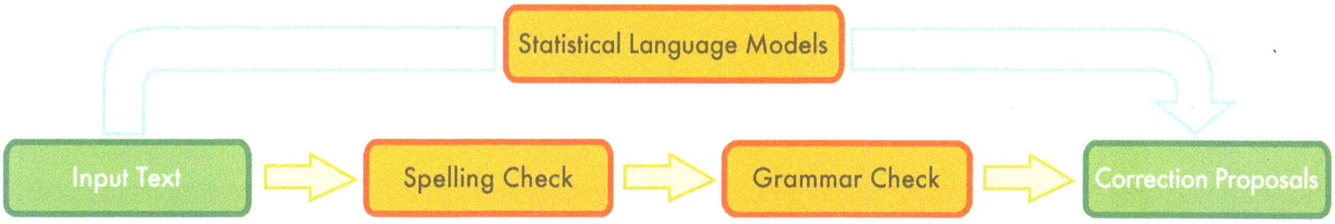

3: Language checking (top: statistical; bottom: rule-based)

ing to Latvian hyphenation rules. Both, rules defining the usual hyphenation process and exception list (words which cannot be hyphenated using just rules), are used. Microsoft licensed Latvian hyphenator from Tilde and provides it in the *Microsoft Office* suite.

A convenient tool to assist in writing texts is the Latvian thesaurus created by Tilde. With the help of the thesaurus, repetition of the same words can be avoided in order to improve the document's language. The thesaurus not only offers the synonyms for a chosen word, but also generates the correct inflectional form for replacement. It is integrated in the *Microsoft Office* environment.

A grammar checker verifies sentence structure and punctuation. The first grammar checker for Latvian was developed in 2004 by Tilde. This grammar checker uses an advanced pattern matching, which allows recognition and correction of several frequent types of errors: capital letter usage, punctuation for some types of syntactic structures, abbreviations, multiword compounds, and different types of agreement errors. Recently, Tilde released a new version of grammar checker that is based on full syntactic analysis of the text. The improved grammar checker identifies the most common grammar mistakes, including agreement between words, punctuation, and comma errors, as well as numerous stylistic errors. The new approach allows the program to find long distance syntactical errors between different sub parts of the sentence. In addition, calques, slang, and some other undesirable words or language constructions are identified. The grammar checker is integrated in *Microsoft Word* and *Open Office* text editors.

Besides spell checkers and authoring support, language checking is also important in the field of computer-assisted language learning. And language checking applications also automatically correct search engine queries, as found in Google's *Did you mean...* suggestions.

4.2.2 Web Search

Searching the Web, intranets, or digital libraries is probably the most widely used yet largely underdeveloped language technology application today. The Google search engine, which started in 1998, now handles about 80% of all search queries [32]. The Google search interface and results page display has not significantly changed since the first version. Yet in the current version, Google offers spelling correction for misspelled words and has now incorporated basic semantic search capabilities that can improve search accuracy by analysing the meaning of terms in a search query context [33]. The Google success story shows that a large volume of available data and efficient indexing techniques can deliver satisfactory results for a statistically-based approach.

For more sophisticated information requests, it is essential to integrate deeper linguistic knowledge for **text interpretation.** Experiments using **lexical resources** such as machine-readable thesauri or ontological language resources have demonstrated improvements in finding

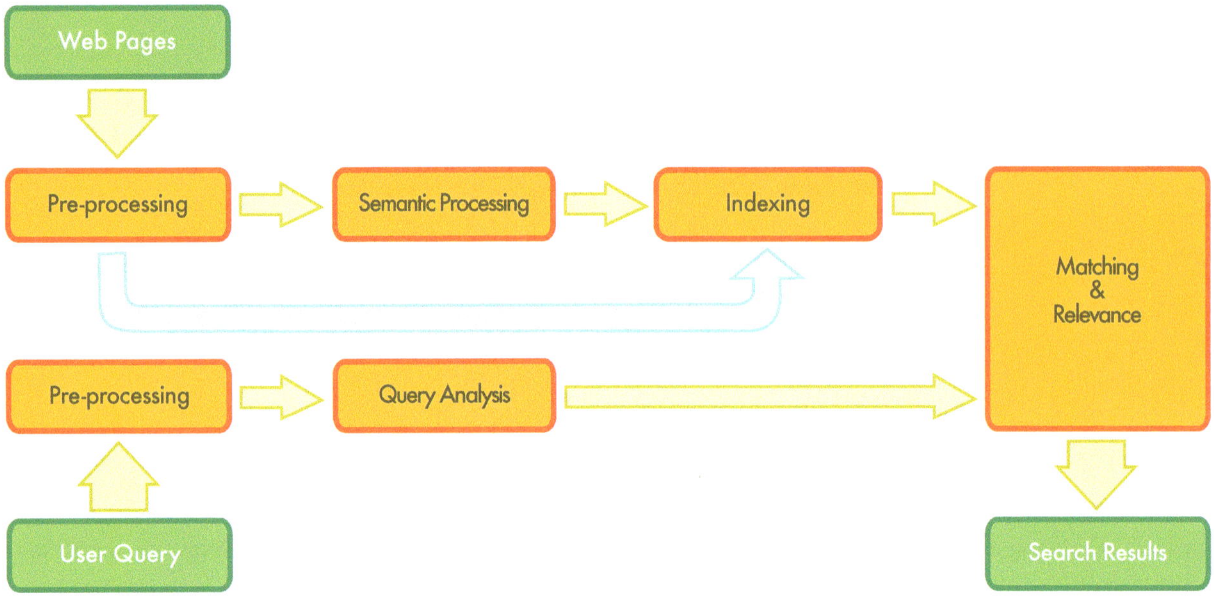

4: Web search architecture

pages using synonyms of the original search terms or even more loosely related terms.

The next generation of search engines will have to include much more sophisticated language technology.

The next generation of search engines will have to include much more sophisticated language technology, in particular in order to deal with search queries consisting of a question or other sentence type rather than a list of keywords. For the query, *Give me a list of all companies that were taken over by other companies in the last five years*, a syntactic as well as **semantic analysis** is required. The system also needs to provide an index to quickly retrieve relevant documents. A satisfactory answer will require syntactic parsing to analyse the grammatical structure of the sentence and determine that the user wants companies that have been acquired, not companies that acquired other companies. For the expression *last five years*, the system needs to determine the relevant years. And, the query needs to be matched against a huge amount of unstructured data to find the piece or pieces of relevant information the user wants. This is called "information retrieval" and involves searching and ranking relevant documents. To generate a list of companies, the system also needs to recognise a particular string of words in a document as a company name, a process called "named entity recognition".

A more demanding challenge is matching a query in one language with documents in another language. Cross-lingual information retrieval (CLIR) involves automatically translating the query into all possible source languages and then translating the results back into the target language.

Now that data is increasingly found in non-textual formats, there is a need for services that deliver multimedia information retrieval by searching images, audio files, and video data. In the case of audio and video files, a speech recognition module must convert the speech content into text (or into a phonetic representation) that can then be matched against a user query.

The Clarity system, a CLIR system for English, Finnish, Swedish and Baltic languages, was developed in the FP5 project CLARITY: *A proposal for cross language information retrieval and organisation of text and audio documents.* Query translation in the Clarity system was performed in two directions: from Baltic languages into English, Finnish, and Swedish to retrieve documents in these languages; and from English, Finnish, and Swedish into Baltic languages for retrieval in Baltic language document collections. Since there were no direct translation dictionaries between Finnish/Swedish and Latvian/Lithuanian, transitive query translation was performed in these cases. In this time systems which treated inflected forms of Baltic languages were not developed, and thus, prototypes of Latvian and Lithuanian information retrieval engines were developed as part of the project. With respect to Baltic languages, the results for document retrieval using direct query translation indicate that the average precision can reach a level of more than 70% compared to monolingual retrieval. In the case of transitive (pivot) translation, the precision is lower, around 40%, but still at reasonable levels compared to monolingual retrieval [34].

The innovative search engine, developed in the FP6 project TRI-Partite multimedia Object Description (Tripod), allows to locate images using a range of keyword, conceptual and spatial query constructors. It is realised through the synergy of geographic information science, information retrieval, and multi-document summarisation in conjunction with Content Based Image Retrieval.

Tripod services augment images with *spatial data* to compute contextual information about the location and features of the actual landscape pictured. Methods from a number of disciplines use the spatial data to derive additional semantic information about the area photographed. Techniques from web search and text summarisation are applied to automatically create textual descriptions of the photographs, producing a rich, readable, and multifaceted caption.

4.2.3 Speech Interaction

Speech interaction is one of many application areas that depend on speech technology, i. e., technologies for processing spoken language. Speech interaction technology is used to create interfaces that enable users to interact in spoken language instead of a graphical display, keyboard and mouse. Today, these voice user interfaces (VUI) are used for partially or fully automated telephone services provided by companies to customers, employees, or partners. Business domains that rely heavily on VUIs include banking, supply chain, public transportation, and telecommunications. Other uses of speech interaction technology include interfaces for car navigation systems and the use of spoken language as an alternative to the graphical or touch-screen interfaces in smartphones.

Speech technology is the basis for creating interfaces that allow a user to interact with spoken language instead of a graphical display, keyboard, and mouse.

Speech interaction comprises four technologies:

1. Automatic **speech recognition** (ASR) determines which words are actually spoken in a given sequence of sounds uttered by a user.
2. Natural language understanding analyses the syntactic structure of a user's utterance and interprets it according to the system in question.
3. Dialogue management determines which action to take given the user input and system functionality.
4. **Speech synthesis** (text-to-speech or TTS) transforms the system's reply into sounds for the user.

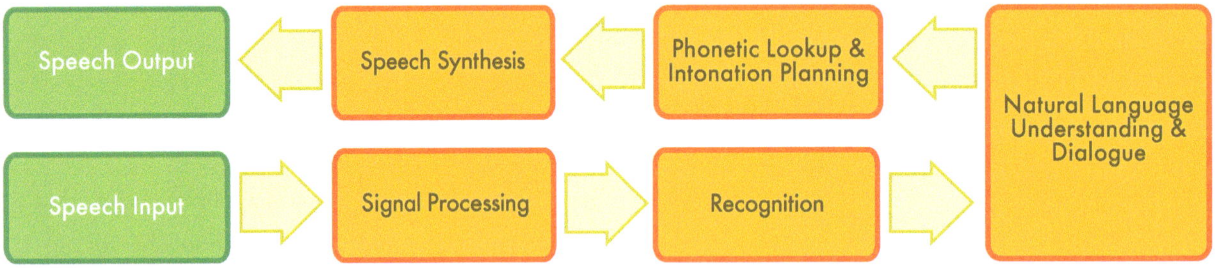

5: Speech-based dialogue system

One of the major challenges of ASR systems is to accurately recognise the words a user utters. This means restricting the range of possible user utterances to a limited set of keywords, or manually creating language models that cover a large range of natural language utterances. Using machine learning techniques, language models can also be generated automatically from **speech corpora**, i. e., large collections of speech audio files and text transcriptions. Restricting utterances usually forces people to use the voice user interface in a rigid way and can damage user acceptance; but the creation, tuning and maintenance of rich language models will significantly increase costs. VUIs that employ language models and initially allow a user to express their intent more flexibly – prompted by a *How may I help you?* greeting – tend to be automated and are better accepted by users.

Companies tend to use utterances pre-recorded by professional speakers for generating the output of the voice user interface. For static utterances where the wording does not depend on particular contexts of use or personal user data, this can deliver a rich user experience. But more dynamic content in an utterance may suffer from unnatural intonation because different parts of audio files have simply been strung together. Today's TTS systems are getting better (though they can still be optimised) at producing natural-sounding dynamic utterances.

Interfaces in the market for speech interaction have been considerably standardised during the last decade in terms of their various technology components. There has also been strong market consolidation in speech recognition and speech synthesis. The national markets in the G20 countries (economically resilient countries with high populations) have been dominated by just five global players, with Nuance (USA) and Loquendo (Italy) being the most prominent players in Europe. In 2011, Nuance announced the acquisition of Loquendo, which represents a further step in market consolidation.

Several research projects in speech technologies have been carried out in Latvia resulting in three speech synthesis systems that have achieved the level of practical usability: *Tilde TTS* (Tilde), *T2S* (IMCS), and *Balss* (SIA Rubuls & Co).

Tilde together with the Association for the Blind worked on the development of a Latvian text-to-speech system [35] with the primary goal to address the needs of visually impaired people using computers in Latvian. The architecture of the system covers the traditional TTS transformation, performing text normalization, grapheme-to-phoneme conversion, prosody generation, and waveform synthesis. The optimal compromise between speed and effectiveness of speech synthesis and the quality of the produced speech is achieved by a combined approach of synthesis and selection of speech units of variable lengths.

The Institute of Mathematics and Computer Science of the University of Latvia had several projects devoted to experimental TTS [37, 38] and has created its online demonstration version [39].

For the Latvian language and its relatively small number of speakers, commercially employable ASR products do not exist. There has not been any serious research in Latvian language speech recognition, but some individual experiments in sound recognition and isolated word recognition have been performed by IMCS. An experimental speech recognition module for isolated words was created in the project "*Applications of Latvian Language Speech Synthesis and Analysis in Call Centers*" financed by Lattelecom BPO.

Looking forward, there will be significant changes due to the spread of smartphones as a new platform for managing customer relationships, in addition to fixed telephones, the Internet, and e-mail. This will also affect how speech interaction technology is used. In the long run, there will be fewer telephone-based VUIs, and spoken language will play a far more central role as a user-friendly input for smartphones. This will be largely driven by stepped improvements in the accuracy of speaker-independent speech recognition via speech dictation services already offered as centralised services to smartphone users.

4.2.4 Machine Translation

The idea of using digital computers to translate natural languages goes back to 1946 and was followed by substantial funding for research during the 1950s and again in the 1980s. Yet **machine translation** (MT) still cannot meet its initial promise of across-the-board automated translation.

At its basic level, Machine Translation simply substitutes words in one natural language with words in another language.

The most basic approach to machine translation is to automatically replace the words in a text in one natural language by words in another language. This can be useful in subject domains that have a very restricted, formulaic language such as weather reports. But to produce a good translation of less standardised texts, larger text units (phrases, sentences, or even whole passages) need to be matched to their closest counterparts in the target language. The major difficulty is that human language is ambiguous. Ambiguity creates challenges on multiple levels, such as word sense disambiguation at the lexical level (a *jaguar* is a brand of car or an animal) or the assignment of case on the syntactic level, for example:

The woman saw the car and her husband, too.

- *Sieviete redzēja mašīnu un viņas vīrs arī*
- *Sieviete redzēja mašīnu un viņas vīru arī*

One way to build an MT system is to use linguistic rules. For translations between closely related languages, a direct substitution translation may be feasible in cases like the above example. However, rule-based (or linguistic knowledge-driven) systems often analyse the input text and create an intermediary symbolic representation from which the text can be generated into the target language. The success of these methods is highly dependent on the availability of extensive lexicons with morphological, syntactic, and semantic information, and large sets of grammar rules carefully designed by skilled linguists. This is a very long and therefore costly process.

In the late 1980s when computational power increased and became cheaper, there was more interest in statistical models for machine translation. Statistical models are derived from analysing bilingual text corpora, such as the Europarl **parallel corpus**, which contains the proceedings of the European Parliament in 21 European languages. Given enough data, statistical MT works well enough to derive an approximate meaning of a foreign language text by processing parallel versions and finding plausible patterns of words. But unlike

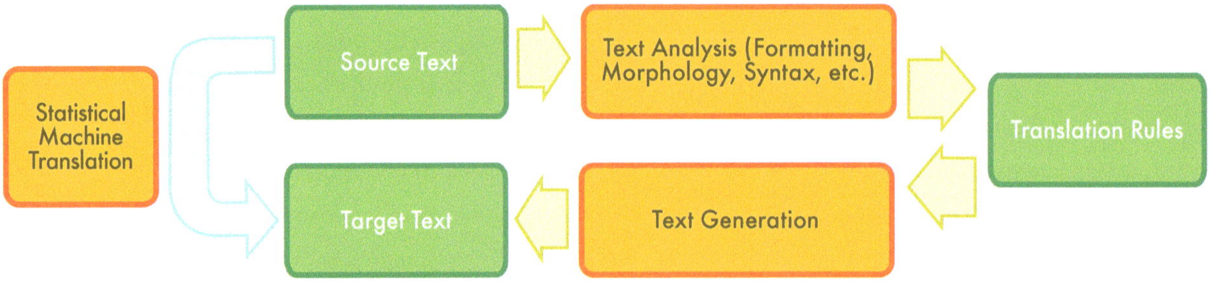

6: Machine translation (left: statistical; right: rule-based)

knowledge-driven systems, statistical (or data-driven) MT often generates ungrammatical output. Data-driven MT is advantageous because less human effort is required and it can also cover special particularities of the language (e. g., idiomatic expressions) that can get ignored in knowledge-driven systems.

Machine Translation is particularly challenging for the Latvian language because of the free word order and extensive inflection.

The strengths and weaknesses of knowledge-driven and data-driven machine translation tend to be complementary, so that nowadays researchers focus on hybrid approaches that combine both methodologies. One approach uses both knowledge-driven and data-driven systems together with a selection module that decides on the best output for each sentence. However, results for sentences longer than say 12 words will often be far from perfect. A better solution is to combine the best parts of each sentence from multiple outputs; this can be fairly complex, as corresponding parts of multiple alternatives are not always obvious and need to be aligned.

The rule-based approach has been dominant in Latvia since the mid-90s when the experimental interlingua MT system LATRA was created at IMCS [40]. Research on rule-based systems continued at IMCS until 2004 by elaborating LATRA with semantic properties and by adapting it to new domains. Tilde also has worked on the rule-based approach aiming at the development of a commercial system for users who have poor or no foreign language skills. The MT system *Tildes Tulkotājs* [41] was released in 2007 (as part of the *Tildes Birojs 2008* software suite) to translate texts from English into Latvian and from Latvian into Russian.

Machine translation, especially Statistical Machine Translation (SMT), is particularly challenging for the Latvian language because of the free word order and extensive inflection. Also, Latvian is a so-called under-resourced language, i. e., only a few parallel corpora are available for Latvian. Therefore, work on SMT in Latvia started only in 2005 by IMCS through projects funded by the Latvian Council of Sciences [42, 43]. However the performance of the first phrase-based English-Latvian SMT system in BLEU points was similar to other systems (e. g., Euromatrix) for inflected languages at that time. Research of SMT and methods to improve translation output into the Latvian language continues at IMCS. The latest version of the system is regularly published on the Web [44].

Current developments at Tilde are focused on combining data-driven statistical MT with knowledge-based models to achieve the optimal quality of translation. In addition to publicly available resources, internal resources collected over a long period of time were used for SMT training. Tilde Translator currently provides

English-Latvian and Latvian-English SMT systems and is expanding in other translation directions. Tilde Translator is publicly available on the Web [46, 45], as part of the *Tildes Birojs* suite of desktop software and also as mobile applications for the most commonly used platforms, such as Android and iOS.

Several European Commission co-funded collaborative projects are undertaken for advanced research and development of machine translation for under-resourced languages, including Latvian. The CIP ICT PSP project LetsMT! [47] and the FP7 project ACCURAT [48], coordinated by Tilde, develop innovative methods for making it easier to gather data for MT and to create customised MT systems for different domains and usage scenarios.

The ACCURAT project researches novel methods that exploit comparable corpora to compensate for the shortage of linguistic resources in order to improve MT quality for under-resourced languages and narrow domains [49, 50]. The target of the ACCURAT project is to achieve a strong improvement in translation quality for a number of new EU official languages and languages of associated countries (Croatian, Estonian, Greek, Latvian, Lithuanian, and Romanian), and propose novel approaches for adapting existing MT technologies to specific narrow domains, significantly increasing language and domain coverage of automated translation.

The LetsMT! project [51] builds an innovative online collaborative platform for data sharing and MT generation. This cloud-based platform provides all categories of users with an opportunity to upload their proprietary resources to the repository and receive a tailored statistical MT system trained on such resources. The latter can be shared with other users who can exploit them further on.

The translation services of the LetsMT! project can be used in several ways: through the web portal, through a widget provided for free inclusion in a web-page, through browser plug-ins, and through integration in computer-assisted translation (CAT) tools and different online and offline applications.

The quality of MT systems is still considered to have huge improvement potential. Challenges include the adaptability of the language resources to a given subject domain or user area and the integration into existing workflows with term bases and translation memories.

Provided good adaptation of user-specific terminology and workflow integration, the use of MT can significantly increase productivity of translation work. Recently Tilde performed an experiment on the application of an English-Latvian SMT in localisation through the integration of MT into the SDL Trados translation environment. The results of the experiment clearly demonstrated that it is feasible to integrate current state of the art SMT systems for highly inflected languages into the localisation process. The use of the English-Latvian SMT suggestions in addition to the translation memories in the SDL Trados tool lead to the increase of translation performance by 32.9% while maintaining an acceptable quality of the translation [52]. Even better performance results are achieved when using a customised SMT system that is trained on parallel data for a specific domain and/or same customer.

Evaluation campaigns help compare the quality of MT systems, the different approaches, and the status of the systems for different language pairs. Figure 8 (p. 30), which was prepared during the Euromatrix+ project, shows the pair-wise performances obtained for 22 of the 23 EU languages (Irish was not compared). The results are ranked according to a BLEU score, which indicates higher scores for better translations [53]. (A human translator would achieve a score of around 80 points.)

The best results (in green and blue) were achieved by languages that benefit from a considerable research effort in coordinated programs and from the existence of many parallel corpora (e. g., English, French, Dutch, Spanish,

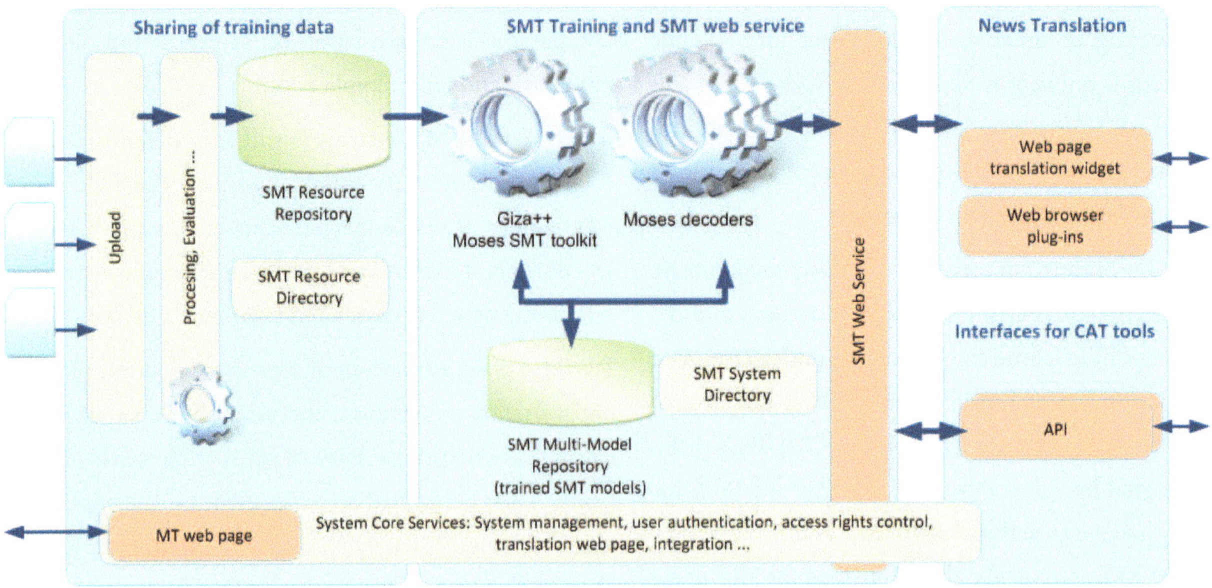

7: LetsMT architecture

and German). The languages with poorer results are shown in red. These languages either lack such development efforts or are structurally very different from other languages (e. g., Hungarian, Maltese, and Finnish).

4.3 OTHER APPLICATION AREAS

Building language technology applications involves a range of subtasks that do not always surface at the level of interaction with the user, but they provide significant service functionalities "under the hood" of the system in question. They all form important research issues that have now evolved into individual sub-disciplines of computational linguistics.

Language technology applications often provide significant service functionalities "under the hood" of larger software systems.

Question answering, for example, is an active area of research for which annotated corpora have been built and scientific competitions have been initiated. The concept of question answering goes beyond keyword-based searches (in which the search engine responds by delivering a collection of potentially relevant documents) and enables users to ask a concrete question to which the system provides a single answer. For example:

> Question: *How old was Neil Armstrong when he stepped on the moon?*
>
> Answer: *38.*

While question answering is obviously related to the core area of web search, it is nowadays an umbrella term for such research issues as: what different types of questions there are and how they should be handled; how a set of documents that potentially contain the answer can be analysed and compared (do they provide conflicting answers?); and how specific information (the answer) can be reliably extracted from a document without ignoring the context.

This is in turn related to information extraction (IE), an area that was extremely popular and influential when computational linguistics took a statistical turn in the early 1990s. IE aims to identify specific pieces of information in specific classes of documents, such as detecting the key players in company takeovers as reported in newspaper stories. Another common scenario which has been studied is reports on terrorist incidents. The problem here is to map the text to a template that specifies the perpetrator, target, time, location, and results of the incident. Domain-specific template-filling is the central characteristic of IE, which makes it another example of a "behind the scenes" technology that forms a well-demarcated research area that in practice needs to be embedded into a suitable application environment.

For the Latvian language, research in most text technologies is far less developed than for the English language.

Text summarisation and **text generation** are two borderline areas that can act either as standalone applications or play a supporting role "under the hood". Summarisation attempts to give the essentials of a long text in a short form and is one of the features available in Microsoft Word. It mostly uses a statistical approach to identify the "important" words in a text (i. e., words that occur very frequently in the text in question, but less frequently in general language use) and determines which sentences contain the most of these "important" words. These sentences are then extracted and put together to create the summary. In this very common commercial scenario, summarisation is simply a form of sentence extraction, and the text is reduced to a subset of its sentences. An alternative approach, for which some research has been carried out, is to generate brand new sentences that do not exist in the source text. This requires a deeper understanding of the text, which means that so far this approach is far less robust. On the whole, a text generator is rarely used as a stand-alone application, but is embedded into a larger software environment, such as a clinical information system that collects, stores, and processes patient data. Creating reports is just one of many applications for text summarisation.

For Latvian, the situation in all of the above mentioned research areas is far less developed than it is for English. Some experiments have been performed only on Latvian text summarisation.

4.4 EDUCATIONAL PROGRAMMES

Language Technology is a very interdisciplinary field that involves the combined expertise of linguists, computer scientists, mathematicians, philosophers, psycholinguists, and neuroscientists among others. Since 2003, the Liepāja University has offered some courses related to language technology, including *Natural Language Processing* for master's degree students of Information Technologies and *Computational Linguistics* for master's degree students of the Latvian philology. Recently Computational Linguistics course became mandatory for master students in philology at Rēzekne Higher Education Institution.

The University of Latvia plans to offer several courses related to Computational Linguistics. One course is planned for bachelor students in Computer Science, and deeper studies in this field are planned for master's degree students of Cognitive Sciences and Communication. An important contribution to education in Computational Linguistics was an opportunity for doctoral students from Latvia to participate in the Nordic Graduate School of Language Technology, NGSLT. The majority of students who attended NGSLT have successfully defended their PhD theses or are currently PhD candidates.

New opportunities for young researchers are provided through the Initial Training Network of the Marie Curie

Actions CLARA project [55]. The CLARA project aims to train a new generation of researchers who will be able to cooperate across national borders on the establishment of a common language resource infrastructure and exploit this infrastructure to construct the next generation of language models with wide theoretical and applied significance.

4.5 NATIONAL PROJECTS AND EFFORTS

Most research activities in Latvia are funded by the Latvian Council of Science (LCS) [56]. Significant funding from the LCS has been received between 2005–2009 when two HLT related projects were authorised in State Research Programmes: *"Scientific Foundations of Information Technology"* and *"Latvian Studies (Letonica): History, Language and Culture"*. The *SemTi-Kamols* project [57] developed and adapted semantic web technologies for semantic analysis in Latvian. The project *"Database of Latvian Explanatory Dictionaries and Recent Loanwords"* dealt mainly with the semi-automatic transformation of the Dictionary of Standard Latvian Language into a machine-readable format. Work on semantic technologies continues in two large projects: *"Novel information technologies based on ontologies and model transformations"* (2010–2013) of the State Research Program and *"Semantic database platform for domain specialists"* funded by the European Structural Funds. Support for development of electronic resources is provided through the project *"Latvian language grammar and electronic resources" (2010–2013)* of the State Research Program "National identity (language, history of Latvia, culture and human security)".

Additionally, several smaller projects related to LT have been funded by LCS in the last six years: *"Evaluation of Statistical Machine Translation Methods for English-Latvian Translation System"* (2005–2008), *"Modeling of Universal Lexicon System for the Latvian Language"* (2005–2008), *"Historical Dictionary of the Latvian Language (16–18th centuries)"* (2005–2008), *"Methods for Latvian-English Computer Aided Lexicography"* (2008), *"Application of Factored Methods in English-Latvian Statistical Machine Translation System"* (2009–2012) [44].

The development of the Latvian National Corpus was initiated by the State Language Commission in 2004. As different resources have been collected in a number of institutions, the Latvian National Corpus Initiative envisions the establishment of an umbrella organisation for all the available corpora of the Latvian language. The main language resource developers and stakeholders, of both academia and industry, have signed an Agreement of Intention and are discussing next practical steps.

Since 2006 Latvia participates in the CLARIN (Common Language Resources and Technology Infrastructure) initiative [58]. CLARIN is a pan-European collaborative effort aiming to overcome current fragmentation and to offer common language resource infrastructure for researchers in the Humanities and Social Sciences. During CLARIN preparation phase (January, 2010–June, 2011) survey of Latvian language resources and tools was prepared and most important LRT gaps were identified, preparatory work on creation of CLARIN centre at IMCS was performed as well as several web services were developed for inclusion into CLARIN infrastructure. The advancement of CLARIN is mentioned in the strategic document *"Action Plan for Implementation of Guidelines for Science and Technology Development"* approved by the Cabinet of Ministers in 2010. In February, 2012 CLARIN ERIC (European Research Infrastructure Consortium) was established. Latvia has confirmed its interest to become member of CLARIN ERIC by signing memorandum of understanding and by work on legal procedures necessary to fulfil before becoming member of CLARIN ERIC. The CLARIN National Advisory Board is established to prioritise the goals and tasks of the CLARIN in Latvia and to facilitate integration with the CLARIN infrastructure. Members of the Advisory Board are professionals from state organizations, industry, research and education sector working on creation or using language resources and tools.

As the market for language technologies is very small in Latvia, there are only a few industry players providing solutions in this field. Tilde [59], established in 1991, is the leading language technology company in Latvia. Key experience of Tilde is in three language technology areas: translation tools, proofing tools, and terminology management. Language software by Tilde is widely used in Baltic countries with more than 350,000 licensed users for Latvian language translation and proofreading tools. Tilde develops online and mobile machine translation and terminology systems for Latvian and other European languages. The company actively participates in EU research and development activities coordinating several large-scale projects: EuroTermBank (eContent), ACCURAT (FP7), LetsMT! (ICT-PSP), META-NORD (ICT-PSP) and TaaS (FP7).

Another company developing machine translation solutions is Trident MT [60] – a recently opened Latvian branch of the Ukrainian company Trident. This company participates in the ICT-PSP project itranslate4.eu [61]. The company Deksoft [62] provides several popular Latvian language tools for Macintosh computers. The company Algorego [63] develops solutions for processing and structuring information of digitized documents. The company Datorzinību Centrs [64] develops e-learning applications including solutions for language learning.

Taking into account the importance of LT in ensuring sustainable development of Latvian and other smaller languages, the *Language Shore* initiative was launched in 2009 under the patronage of the former president of Latvia, Valdis Zatlers. This initiative fosters the creation of a partnership between government, academia, and industry to develop an international expertise cluster in language technology. In order to provide successful development of the initiative at the government level, the *Language Shore* Steering Group has been established, composed of five sector ministers. Through the cooperation of Tilde and Microsoft Research, the first *Language Shore* pilot projects have been successfully completed. They have advanced Latvian machine translation for Bing Translator, developed a new crowdsourcing model for MT data collection, and established cooperation in terminology for data sharing.

Latvian ICT Competence Centre was established in 2010 to carry out R&D activities in language technologies and business process analysis. Several *Language Shore* related projects in MT, speech technologies and content analysis were prepared by the leading Latvian IT companies and universities. These projects are still on paper only because Government funding for Competence Centres Programme has not yet been approved due to bureaucratic reasons.

Despite several achievements in language technology research and industrial development, Latvia lacks a dedicated national program for language technologies. Current research activities are fragmented and mostly organised around short-term projects which complicate long-term inter-institutional cooperation and development of larger resources. Public funding for LT in Europe is relatively low compared to the expenditures for language translation and multilingual information access by the USA [65]. In Latvia, public funding is even lower than in many other European countries, including its neighbouring countries, Estonia and Lithuania.

As we have seen, the above described programmes have led to the development of a number of LT tools and resources for the Latvian language. In the following section, the current state of LT support for Latvian is summarised in a table.

4.6 AVAILABILITY OF TOOLS AND RESOURCES

Figure 8 summarises the current state of language technology support for the Latvian language. The rating for existing tools and resources was generated by leading experts in the field who provided estimates based on a scale from 0 (very low) to 6 (very high), according to seven criteria.

The key results for the Latvian language can be summed up as follows:

- While several basic language resources and tools are rather well represented for the Latvian language, more advanced resources and tools are missing; establishment of a Language Technology Programme to coordinate and support the LT field in Latvia is the most important task to resolve this issue.
- Reasonably good results are achieved in machine translation. Quality depends on the availability of language resources, which is rather limited for such a small language as Latvian.
- The more linguistic and semantic knowledge a tool draws on, the more gaps there are in the technology. There is a need for far more effort to support deep linguistic processing.
- Creation of speech and multimodal resources are in an initial phase. Most of these resources are not available for the Latvian language.
- Tools and resources for more advanced language technology, such as discourse processing, information retrieval, summarisation, and dialogue management, do not exist.
- Many tools, resources, and data formats do not meet industry standards and cannot be sustained effectively. A concerted programme is required to standardise data formats and API's.
- An unclear legal situation restricts making use of digital texts, such as those published online by newspapers, for empirical linguistic and language technology research, for example, to train statistical language models. Together with politicians or policy makers, researchers should try to establish laws and regulations that enable researchers to use publicly available texts for language-related R&D activities.

To conclude, in a number of specific areas of Latvian language research, we have software with limited functionality available today. Obviously, further research efforts are required to meet the current deficit in processing texts on a deeper semantic level and to address the lack of resources, such as parallel corpora for machine translation.

4.7 CROSS-LANGUAGE COMPARISON

The current state of LT support varies considerably from one language community to another. In order to compare the situation between languages, this section will present an evaluation based on two sample application areas (machine translation and speech processing) and one underlying technology (text analysis), as well as the basic resources needed for building LT applications. The languages were categorised using the following five-point scale:

1. Excellent support
2. Good support
3. Moderate support
4. Fragmentary support
5. Weak or no support

Language Technology support was measured according to the following criteria:

	Quantity	Availability	Quality	Coverage	Maturity	Sustainability	Adaptability
Language Technology: Tools, Technologies and Applications							
Speech recognition	0	0	0	0	0	0	0
Speech synthesis	2	3	4	3	4	3	4
Grammatical analysis	2,5	2	3	3,5	4	3	4
Semantic analysis	1	0	0	0	0	0	0
Text generation	1	2	1	1	2	1	1
Machine translation	3	4	3	2,5	4	3	4
Language Resources: Resources, Data and Knowledge Bases							
Text corpora	2	4	4	3	3	3	4,5
Speech corpora	1	0	1	1	1	1	3
Parallel corpora	1	3	2	2	3	4	4
Lexical resources	3	3,5	4	3	4,5	4,5	4,5
Grammars	2	1	2,5	2	3	4	3

8: State of language technology support for Latvian

Speech Processing: Quality of existing speech recognition technologies, quality of existing speech synthesis technologies, coverage of domains, number and size of existing speech corpora, amount and variety of available speech-based applications.

Machine Translation: Quality of existing MT technologies, number of language pairs covered, coverage of linguistic phenomena and domains, quality and size of existing parallel corpora, amount and variety of available MT applications.

Text Analysis: Quality and coverage of existing text analysis technologies (morphology, syntax, semantics), coverage of linguistic phenomena and domains, amount and variety of available applications, quality and size of existing (annotated) text corpora, quality and coverage of existing lexical resources (e. g., WordNet) and grammars.

Resources: Quality and size of existing text corpora, speech corpora and parallel corpora, quality and coverage of existing lexical resources and grammars.

Figures 9 to 12 show that, due to limited LT funding in recent decades, the Latvian language is less equipped than most other languages. However this seems to be a common problem for other languages with rather small numbers of speakers, such as Estonian and Lithuanian. Latvian LT resources and tools clearly do not yet reach the quality and coverage of those for English and other widely spoken languages. English leads in almost all LT areas, but there are still plenty of gaps in English language resources with regard to high quality applications.

Currently, text analysis components and language resources for Latvian cover the linguistic phenomena to a certain extent and form part of applications involving mostly shallow natural language processing, e. g., spelling and grammar correction. However, for building more sophisticated applications such as machine translation there is a clear need for resources and technologies that cover a wider range of linguistic aspects and allow a deep semantic analysis of the input text. By improving the quality and coverage of these basic resources and technologies, we shall be able to open up new opportunities for tackling a vast range of advanced application areas, including high-quality machine translation.

4.8 CONCLUSIONS

In this series of white papers, we have made an important initial effort to assess language technology support for 30 European languages, and provide a high-level comparison across these languages. By identifying the gaps, needs and deficits, the European language technology community and related stakeholders are now in a position to design a large scale research and development programme aimed at building a truly multilingual, technology-enabled Europe.

The results of this white paper series illustrate that there is a dramatic difference in language technology support between various European languages. While there are good quality software and resources available for some languages and application areas, others (usually 'smaller' languages) have substantial LT gaps. Many languages lack the basic technologies for text analysis and the essential resources for developing these technologies. Others have the basic tools and resources, but are as yet unable to invest in semantic processing. Therefore a large-scale effort is needed to attain the ambitious goal of providing high-quality language technology support for all European languages, for example through high quality machine translation.

Language technology in Latvia has a comparatively long history starting from end of to the late 1950s. However, LT has never been a priority research field in Latvia and thus was supported only with very limited funding. This situation resulted in rather large gaps in language resources and in the tools needed for a sustainable development of the Latvian language. These gaps exist not only in comparison with the widely spoken languages, but also in comparison with the lesser spoken languages that have benefited from a dedicated language technology programme, e. g., Estonian.

There is also a lack of continuity in research and development funding. Development and current research activities are fragmented and mostly organised around short-term projects that complicate the development of larger resources and long-term cooperation between institutions. A number of valuable language resources and state-of-the-art technologies have been produced and distributed for Standard Latvian. However, the scope of resources and the range of tools are still very limited and are simply not sufficient in quality and quantity to develop the kind of technologies required to support a truly multilingual knowledge society.

Another urgent problem is the lack of educational programmes in Computational Linguistics within the universities of Latvia. Currently, only one semester-long courses are being taught at the Liepāja University and Rēzekne Higher Education Institution.

As the market for language technologies is very small in Latvia, the Latvian language technology industry dedicated to transforming research into products consists of only a few industry participants who provide solutions in this field.

Our findings show that targeted national research and development activities are urgently needed to fill these gaps. A focused long-term endeavour, such as a Language Technology Programme, allows for a substantial effort to be made in the creation of Latvian LT resources and fosters research, innovation, and development. The need for large amounts of data and the extreme complexity of language technology systems makes it vital to develop a new infrastructure and a more coherent research organisation to spur greater sharing and cooperation.

Finally there is a lack of continuity in research and development funding. Short-term coordinated programmes tend to alternate with periods of sparse or zero funding. In addition, there is an overall lack of coordination with programmes in other EU countries and at the European Commission level.

The long term goal of META-NET is to enable the creation of high-quality language technology for all languages. This requires all stakeholders - in politics, research, business, and society – to unite their efforts. The resulting technology will help tear down existing barriers and build bridges between Europe's languages, paving the way for political and economic unity through cultural diversity.

Excellent support	Good support	Moderate support	Fragmentary support	Weak/no support
	English	Czech	Basque	Croatian
		Dutch	Bulgarian	Icelandic
		Finnish	Catalan	**Latvian**
		French	Danish	Lithuanian
		German	Estonian	Maltese
		Italian	Galician	Romanian
		Portuguese	Greek	
		Spanish	Hungarian	
			Irish	
			Norwegian	
			Polish	
			Serbian	
			Slovak	
			Slovene	
			Swedish	

9: Speech processing: state of language technology support for 30 European languages clusters

Excellent support	Good support	Moderate support	Fragmentary support	Weak/no support
	English	French	Catalan	Basque
		Spanish	Dutch	Bulgarian
			German	Croatian
			Hungarian	Czech
			Italian	Danish
			Polish	Estonian
			Romanian	Finnish
				Galician
				Greek
				Icelandic
				Irish
				Latvian
				Lithuanian
				Maltese
				Norwegian
				Portuguese
				Serbian
				Slovak
				Slovene
				Swedish

10: Machine translation: state of language technology support for 30 European languages

Excellent support	Good support	Moderate support	Fragmentary support	Weak/no support
	English	Dutch	Basque	Croatian
		French German	Bulgarian	Estonian
		Italian	Catalan	Icelandic
		Spanish	Czech	Irish
			Danish	**Latvian**
			Finnish	Lithuanian
			Galician	Maltese
			Greek	Serbian
			Hungarian	
			Norwegian	
			Polish	
			Portuguese	
			Romanian	
			Slovak	
			Slovene	
			Swedish	

11: Text analysis: state of language technology support for 30 European languages

Excellent support	Good support	Moderate support	Fragmentary support	Weak/no support
	English	Czech	Basque	Icelandic
		Dutch	Bulgarian	Irish
		French	Catalan	**Latvian**
		German	Croatian	Lithuanian
		Hungarian	Danish	Maltese
		Italian	Estonian	
		Polish	Finnish	
		Spanish	Galician	
		Swedish	Greek	
			Norwegian	
			Portuguese	
			Romanian	
			Serbian	
			Slovak	
			Slovene	

12: Speech and text resources: State of support for 30 European languages

ABOUT META-NET

META-NET is a Network of Excellence partially funded by the European Commission. The network currently consists of 54 research centres in 33 European countries. META-NET forges META, the Multilingual Europe Technology Alliance, a growing community of language technology professionals and organisations in Europe. META-NET fosters the technological foundations for a truly multilingual European information society that:

- makes communication and cooperation possible across languages;
- grants all Europeans equal access to information and knowledge regardless of their language;
- builds upon and advances functionalities of networked information technology.

The network supports a Europe that unites as a single digital market and information space. It stimulates and promotes multilingual technologies for all European languages. These technologies support automatic translation, content production, information processing and knowledge management for a wide variety of subject domains and applications. They also enable intuitive language-based interfaces to technology ranging from household electronics, machinery and vehicles to computers and robots.

Launched on 1 February 2010, META-NET has already conducted various activities in its three lines of action META-VISION, META-SHARE and META-RESEARCH.

META-VISION fosters a dynamic and influential stakeholder community that unites around a shared vision and a common strategic research agenda (SRA). The main focus of this activity is to build a coherent and cohesive LT community in Europe by bringing together representatives from highly fragmented and diverse groups of stakeholders. The present White Paper was prepared together with volumes for 29 other languages. The shared technology vision was developed in three sectorial Vision Groups. The META Technology Council was established in order to discuss and to prepare the SRA based on the vision in close interaction with the entire LT community.

META-SHARE creates an open, distributed facility for exchanging and sharing resources. The peer-to-peer network of repositories will contain language data, tools and web services that are documented with high-quality metadata and organised in standardised categories. The resources can be readily accessed and uniformly searched. The available resources include free, open source materials as well as restricted, commercially available, fee-based items.

META-RESEARCH builds bridges to related technology fields. This activity seeks to leverage advances in other fields and to capitalise on innovative research that can benefit language technology. In particular, the action line focuses on conducting leading-edge research in machine translation, collecting data, preparing data sets and organising language resources for evaluation purposes; compiling inventories of tools and methods; and organising workshops and training events for members of the community.

office@meta-net.eu – http://www.meta-net.eu

A

ATSAUCES REFERENCES

[1] Georg Rehm and Hans Uszkoreit. Multilingual Europe: A challenge for language tech (Das mehrsprachige Europa: Eine Herausforderung für die Sprachtechnologie). *MultiLingual*, 22(3):51–52, April/May 2011.

[2] Aljoscha Burchardt, Markus Egg, Kathrin Eichler, Brigitte Krenn, Jörn Kreutel, Annette Leßmöllmann, Georg Rehm, Manfred Stede, Hans Uszkoreit, and Martin Volk. Die Deutsche Sprache im Digitalen Zeitalter – The German Language in the Digital Age, 2012.

[3] Latvijas Nacionālā bibliotēka. Izdevējdarbība 2010. gadā (Latvian Press in 2010). http://www.lnb.lv/lv/izdevejiem/izdevejdarbibas-statistika/izdevejdarbiba-2010.pdf.

[4] Pārsla Eglīte. Latviešu valodas izplatība cittautiešu vidū (Spread of the Latvian language among non-Latvians). In *Valodas politika Baltijas valstīs*, pages 70–80, Riga, Latvia, 1992.

[5] Ina Druviete (ed.). *Language Situation in Latvia: 2004-2010.* Latvian Language Agency, 2011.

[6] W3Techs. Usage of content languages for websites, 2012. http://w3techs.com/technologies/overview/content_language/all.

[7] European Commission Directorate-General Information Society and Media. User language preferences online. (313), 2011. http://ec.europa.eu/public_opinion/flash/fl_313_en.pdf.

[8] European Commission. *Multilingualism: an asset for Europe and a shared commitment.* Brussels, 2008. http://ec.europa.eu/languages/pdf/comm2008_en.pdf.

[9] UNESCO Director-General. *Intersectoral mid-term strategy on languages and multilingualism.* Paris, 2007. http://unesdoc.unesco.org/images/0015/001503/150335e.pdf.

[10] European Commission Directorate-General for Translation. *Size of the language industry in the EU.* Kingston Upon Thames, 2009. http://ec.europa.eu/dgs/translation/publications/studies.

[11] Central Statistical Bureau of Latvia. 2011. gada tautas skaitīšana – galvenie rādītāji (Population Census 2011 – Key Indicators), 2012. http://www.csb.gov.lv/statistikas-temas/2011gada-tautas-skaitisana-galvenie-raditaji-33608.html.

[12] Ministry of Culture, Republic of Latvia. Nacionālās identitātes, pilsoniskās sabiedrības un integrācijas politikas pamatnostādnes (2012–2018) (National identity, civic society and integration policy guidelines, 2012–2018), 2011. http://polsis.mk.gov.lv/view.do?id=3782.

[13] 2012. gada 18. februāra tautas nobalsošanas par likumprojekta "Grozījumi Latvijas Republikas Satversmē" pieņemšanu rezultāti (Results of the referendum on the Draft Law "Amendments to the Constitution of the Republic of Latvia"), 2012. http://www.tn2012.cvk.lv.

[14] Gunta Kļava, Velga Līcīte, Kristīne Motivāne, Jānis Valdmanis, Inese Vasiļjeva–Muchka, and Inita Vītola. *Valodas lietojums diasporā: citu valstu prakse un Latvijas rīcībpolitikas izvērtējums (Usage of Language in Diaspora: Evaluation of Policy of Latvia and Experience of Other Countries).* Latviešu valodas aģentūra, 2009.

[15] Latvijas Nacionālā bibliotēka. Latvijas Nacionālā digitālā bibilotēka (Latvian National Digital Library). http://www.lndb.lv.

[16] LU Matemātikas un informātikas institūta Mākslīgā intelekta laboratorija (Artificial Intelligence Laboratory of Institute of Mathematics and Computer Science, University of Latvia). http://www.ailab.lv.

[17] Līdzsvarots mūsdienu latviešu valodas tekstu korpuss (Balanced Corpus of Modern Latvian). http://www.korpuss.lv.

[18] Latviešu valodas seno tekstu korpuss (The Corpus of Early Written Latvian Texts). http://www.ailab.lv/senie.

[19] Everita Andronova. The Corpus of Early Written Latvian: current state and future tasks. In *Proceedings of Corpus Linguistics 2007*, Birmingham, UK, 2007. http://ucrel.lancs.ac.uk/publications/CL2007/paper/245_Paper.pdf.

[20] Kārlis Mīlenbahs and Jānis Endzelīns. *Latviešu valodas vārdnīca (Latvian lanugage dictionary).* http://www.ailab.lv/mev.

[21] EuroTermBank portal. http://www.eurotermbank.com.

[22] Archives of Latvian Folklore. http://www.lfk.lv/kratuve/records.jsp?lg=en.

[23] Krišjāņa Barona Dainu skapis (Dainu skapis by Krišjānis Barons). http://www.dainuskapis.lv.

[24] Liepājas Universitātes folkloras un valodas centrs (Folklore and Language Centre of Courland). http://kfvc.liepu.lv.

[25] CLARIN resources overview. http://www.clarin.eu/view_resources.

[26] Kai-Uwe Carstensen, Christian Ebert, Cornelia Ebert, Susanne Jekat, Hagen Langer, and Ralf Klabunde, editors. *Computerlinguistik und Sprachtechnologie: Eine Einführung (Computational Linguistics and Language Technology: An Introduction).* Spektrum Akademischer Verlag, 2009.

[27] Daniel Jurafsky and James H. Martin. *Speech and Language Processing.* Prentice Hall, 2nd edition, 2009.

[28] Christopher D. Manning and Hinrich Schütze. *Foundations of Statistical Natural Language Processing.* MIT Press, 1999.

[29] Language Technology World (LT World). http://www.lt-world.org.

[30] Ronald Cole, Joseph Mariani, Hans Uszkoreit, Giovanni Battista Varile, Annie Zaenen, and Antonio Zampolli, editors. *Survey of the State of the Art in Human Language Technology.* Cambridge University Press, 1998.

[31] Jerrold H. Zar. Candidate for a Pullet Surprise. *Journal of Irreproducible Results*, page 13, Jan/Feb. 1994. (first verse).

[32] Spiegel Online. Google zieht weiter davon (Google is still leaving everybody behind), 2009. http://www.spiegel.de/netzwelt/web/0,1518,619398,00.html.

[33] Juan Carlos Perez. Google Rolls out Semantic Search Capabilities. http://www.pcworld.com/businesscenter/article/161869/google_rolls_out_semantic_search_capabilities.html.

[34] George Demetriou, Inguna Skadiņa, Heikki Keskustalo, Jussi Karlgren, Daiga Deksne, Daniela Petrellie, Preben Hansen, Robert Gaizauskas, and Mark Sanderson. Cross-LingualDocumentRetrieval, Categorisation and Navigation Based on Distributed Services. In *Proceedings of First Baltic Conference "HumanLanguage Technologies – the Baltic Perspective"*, pages 107–114, Riga, 2004.

[35] Goba Kārlis and Andrejs Vasiļjevs. Development of Text-To-Speech System for Latvian. In *Proceedings of the 16th Nordic Conference of Computational Linguistics NODALIDA-2007*, pages 67–72, 2007.

[36] Cilvēkiem ar redzes traucējumiem (For people with visual impairment). http://www.siva.gov.lv/cilvekiem-ar-redzes-traucejumiem.html.

[37] Ilze Auziņa. Latvian Text-to-Speech System. In *Proceedings of the first Baltic conference "Human Language Technologies – the Baltic Perspective"*, pages 21–26, 2004.

[38] Mārcis Pinnis and Ilze Auziņa. Latvian Text-to-Speech Synthesizer. In *Proceedings of the Fourth International Conference Baltic HLT 2010*, volume 219 of *Frontiers in Artificial Intelligence and Applications*, pages 69–72. IOS Press, 2010.

[39] Latviešu valodas runas sintēzes sistēma (Latvian language speech synthesis system). http://runa.ailab.lv/tts2.

[40] Inguna Greitāne. Mašīntulkošanas sistēma LATRA (Machine Translation System LATRA). *LZA Vēstis*, (Nr.3/4):1–6, 1997.

[41] Inguna Skadiņa, Andrejs Vasiļjevs, Daiga Deksne, Raivis Skadiņš, and Linda Goldberga. Comprehension Assistant for Languages of Baltic States. In *Proceedings of the 16th Nordic Conference of Computational Linguistics NODALIDA-2007*, pages 167–174, Tartu, 2007.

[42] Inguna Skadiņa and Edgars Brālītis. Experimental Statistical Machine Translation System for Latvian. In *Proceedings of the 3rd Baltic Conference on HLT*, pages 281–286, 2008.

[43] Inguna Skadiņa and Edgars Brālītis. English-Latvian SMT: knowledge or data? In *Proceedings of the 17th Nordic Conference on Computational Linguistics NODALIDA*, volume 4 of *NEALT Proceedings Series*, pages 242–245, Odense, Denmark, May 14-16 2009.

[44] Faktorēto metožu lietojums angļu-latviešu statistiskajā mašīntulkošanas sistēmā (Application of Factored Models in English-Latvian Statistical Machine Translation System). http://eksperimenti.ailab.lv/smt.

[45] Raivis Skadiņš, Kārlis Goba, and Valters Šics. Improving SMT for Baltic languages with factored models. In *Proceedings of the Fourth Baltic conference "Human Language Technologies – the Baltic Perspective"*, volume 219 of *IOS Press, Frontiers in Artificial Intelligence and Applications*, pages 125–131, 2010.

[46] Tilde. Tilde Translator. http://translate.tilde.com.

[47] LetsMT! machine translation platform. http://www.letsmt.eu.

[48] ACCURAT project website. http://www.accurat-project.eu.

[49] Andreas Eisele and Jia Xu. Improving Machine Translation Performance Using Comparable Corpora. In *Proceedings of the 3rd Workshop on Building and Using Comparable Corpora*, pages 35–41, La Valletta, Malta, 2010. European Language Resources Association (ELRA).

[50] Inguna Skadiņa, Andrejs Vasiļjevs, Raivis Skadiņš, Robert Gaizauskas, Dan Tufis, and Tatiana Gornostay. Analysis and Evaluation of Comparable Corpora for Under Resourced Areas of Machine Translation. In *Proceedings of the 3rd Workshop on Building and Using Comparable Corpora*, pages 6–14, La Valletta, Malta, 2010. European Language Resources Association (ELRA).

[51] Andrejs Vasiļjevs, Tatiana Gornostay, and Raivis Skadiņš. LetsMT! – Online Platform for Sharing Training Data and Building User Tailored Machine Translation. In *Proceedings of the Fourth Baltic conference "Human Language Technologies – the Baltic Perspective"*, volume 219 of *IOS Press, Frontiers in Artificial Intelligence and Applications*, pages 133–142, 2010.

[52] Raivis Skadiņš, Māris Puriņš, Inguna Skadiņa, and Andrejs Vasiļjevs. Evaluation of SMT in localization to under-resourced inflected language. In *Proceedings of the 15th International Conference of the European Association for Machine Translation (EAMT 2012)*, pages 35–40, Leuven, Belgium,, 2011.

[53] Kishore Papineni, Salim Roukos, Todd Ward, and Wei-Jing Zhu. BLEU: A Method for Automatic Evaluation of Machine Translation. In *Proceedings of the 40th Annual Meeting of ACL*, Philadelphia, PA, 2002.

[54] Philipp Koehn, Alexandra Birch, and Ralf Steinberger. 462 Machine Translation Systems for Europe. In *Proceedings of MT Summit XII*, 2009.

[55] CLARA: Common Language Resources and their Applications — a Marie Curie ITN. http://clara.uib.no.

[56] Inguna Skadiņa, Ilze Auziņa, Normunds Grūzītis, Kristīne Levāne-Petrova, Gunta Nešpore, Raivis Skadiņš, and Andrejs Vasiļjevs. Language Resources and Technology for the Humanities in Latvia (2004–2010). In

Proceedings of the Fourth International Conference Baltic HLT 2010, volume 219 of *Frontiers in Artificial Intelligence and Applications*, pages 15–22. IOS Press, 2010.

[57] Semantiskā tīmekļa projekts "SemTi-Kamols" (Semantic Web project SemTi-Kamols). http://www.semti-kamols.lv.

[58] Inguna Skadiņa. CLARIN in Latvia: current situation and future perspectives. In *Proceedings of the NODALIDA 2009 workshop "Nordic Perspectives on the CLARIN Infrastructure of Common Language Resources"*, volume 5 of *NEALT Proceedings Series*, pages 33–37, Odense, Denmark, 2009.

[59] Tilde. http://www.tilde.com.

[60] TRIDENT MT. http://www.tridentmt.lv.

[61] iTranslate4 project website. http://itranslate4.eu/project/.

[62] Deksoft. http://www.deksoft.com.

[63] Algorego. http://www.algorego.lv.

[64] Datorzinību centrs. http://www.dzc.lv.

[65] Gianni Lazzari. Human Language Technologies for Europe, 2006. http://cordis.europa.eu/documents/documentlibrary/90834371EN6.pdf.

[66] The Central Election Commission of Latvia. http://web.cvk.lv/pub/public/28361.html.

DALĪB-ORGANIZĀCIJAS META-NET MEMBERS

Austrija	Austria	Zentrum für Translationswissenschaft, Univ. Wien: Gerhard Budin
Beļģija	Belgium	Computational Linguistics and Psycholinguistics Research Centre, Univ. of Antwerp: Walter Daelemans
		Centre for Processing Speech and Images, Univ. of Leuven: Dirk van Compernolle
Bulgārija	Bulgaria	Inst. for Bulgarian Language, Bulgarian Academy of Sciences: Svetla Koeva
Čehija	Czech Republic	Inst. of Formal and Applied Linguistics, Charles Univ. in Prague: Jan Hajič
Dānija	Denmark	Centre for Language Technology, Univ. of Copenhagen: Bolette Sandford Pedersen, Bente Maegaard
Francija	France	Centre National de la Recherche Scientifique, Laboratoire d'Informatique pour la Mécanique et les Sciences de l'Ingénieur and Institute for Multilingual and Multimedia Information: Joseph Mariani
		Evaluations and Language Resources Distribution Agency: Khalid Choukri
Grieķija	Greece	R.C. "Athena", Inst. for Language and Speech Processing: Stelios Piperidis
Horvātija	Croatia	Inst. of Linguistics, Faculty of Humanities and Social Science, Univ. of Zagreb: Marko Tadić
Igaunija	Estonia	Inst. of Computer Science, Univ. of Tartu: Tiit Roosmaa, Kadri Vider
Īrija	Ireland	School of Computing, Dublin City Univ.: Josef van Genabith
Islande	Iceland	School of Humanities, Univ. of Iceland: Eiríkur Rögnvaldsson
Itālija	Italy	Consiglio Nazionale delle Ricerche, Istituto di Linguistica Computazionale "Antonio Zampolli": Nicoletta Calzolari
		Human Language Technology Research Unit, Fondazione Bruno Kessler: Bernardo Magnini
Kipra	Cyprus	Language Centre, School of Humanities: Jack Burston
Latvija	Latvia	Tilde: Andrejs Vasiļjevs
		Inst. of Mathematics and Computer Science, Univ. of Latvia: Inguna Skadiņa
Lielbritānija	UK	School of Computer Science, Univ. of Manchester: Sophia Ananiadou
		Inst. for Language, Cognition and Computation, Centre for Speech Technology Research, Univ. of Edinburgh: Steve Renals

		Research Inst. of Informatics and Language Processing, Univ. of Wolverhampton: Ruslan Mitkov
Lietuva	Lithuania	Inst. of the Lithuanian Language: Jolanta Zabarskaitė
Luksemburga	Luxembourg	Arax Ltd.: Vartkes Goetcherian
Malta	Malta	Dept. Intelligent Computer Systems, Univ. of Malta: Mike Rosner
Nīderlande	Netherlands	Utrecht Inst. of Linguistics, Utrecht Univ.: Jan Odijk
		Computational Linguistics, Univ. of Groningen: Gertjan van Noord
Norvēģija	Norway	Dept. of Linguistic, Literary and Aesthetic Studies, Univ. of Bergen: Koenraad De Smedt
		Dept. of Informatics, Language Technology Group, Univ. of Oslo: Stephan Oepen
Polija	Poland	Inst. of Computer Science, Polish Academy of Sciences: Adam Przepiórkowski, Maciej Ogrodniczuk
		University of Łódź: Barbara Lewandowska-Tomaszczyk, Piotr Pęzik
		Dept. of Computer Linguistics and Artificial Intelligence, Adam Mickiewicz Univ.: Zygmunt Vetulani
Portugāle	Portugal	Univ. of Lisbon: António Branco, Amália Mendes
		Spoken Language Systems Lab, Inst. for Systems Engineering and Computers: Isabel Trancoso
Rumānija	Romania	Research Inst. for Artificial Intelligence, Romanian Academy of Sciences: Dan Tufiş
		Faculty of Computer Science, Univ. Alexandru Ioan Cuza of Iaşi: Dan Cristea
Serbija	Serbia	Univ. of Belgrade, Faculty of Mathematics: Duško Vitas, Cvetana Krstev, Ivan Obradović
		Pupin Institute: Sanja Vranes
Slovākija	Slovakia	Ľudovít Štúr Inst. of Linguistics, Slovak Academy of Sciences: Radovan Garabík
Slovēnija	Slovenia	Jožef Stefan Inst.: Marko Grobelnik
Somija	Finland	Computational Cognitive Systems Research Group, Aalto Univ.: Timo Honkela
		Dept. of Modern Languages, Univ. of Helsinki: Kimmo Koskenniemi, Krister Lindén
Spānija	Spain	Barcelona Media: Toni Badia, Maite Melero
		Institut Universitari de Lingüística Aplicada, Universitat Pompeu Fabra: Núria Bel
		Aholab Signal Processing Lab, Univ. of the Basque Country: Inma Hernaez Rioja
		Centre for Language and Speech Technologies and Applications, Universitat Politècnica de Catalunya: Asunción Moreno
		Dept. of Signal Processing and Communications, Univ. of Vigo: Carmen García Mateo

Šveice	Switzerland	Idiap Research Inst.: Hervé Bourlard
Ungārija	Hungary	Research Inst. for Linguistics, Hungarian Academy of Sciences: Tamás Váradi
		Dept. of Telecommunications and Media Informatics, Budapest Univ. of Technology and Economics: Géza Németh, Gábor Olaszy
Vācija	Germany	Language Technology Lab, DFKI: Hans Uszkoreit, Georg Rehm
		Human Language Technology and Pattern Recognition, RWTH Aachen Univ.: Hermann Ney
		Dept. of Computational Linguistics, Saarland Univ.: Manfred Pinkal
Zviedrija	Sweden	Dept. of Swedish, Univ. of Gothenburg: Lars Borin

Gandrīz 100 valodu tehnoloģiju eksperti – META-NET pārstāvēto valstu un valodu pārstāvji – 2011. gada 21. un 22. oktobrī META-NET sanāksmē Berlīnē (Vācijā) apsprieda un apkopoja balto grāmatu sērijas galvenos rezultātus. – Almost 100 language technology experts – representatives of the countries and languages represented in META-NET – discussed and finalised the key results and messages of the White Paper Series at a META-NET meeting in Berlin, Germany, on October 21/22, 2011.

META-NET BALTO GRĀMATU SĒRIJA — THE META-NET WHITE PAPER SERIES

angļu	English	English
basku	Basque	euskara
bulgāru	Bulgarian	български
čehu	Czech	čeština
dāņu	Danish	dansk
franču	French	français
galisiešu	Galician	galego
grieķu	Greek	ελληνικά
holandiešu	Dutch	Nederlands
horvātu	Croatian	hrvatski
igauņu	Estonian	eesti
īru	Irish	Gaeilge
islandiešu	Icelandic	íslenska
itāļu	Italian	italiano
jaunnorvēģu	Norwegian Nynorsk	nynorsk
katalāņu	Catalan	català
latviešu	Latvian	latviešu
lietuviešu	Lithuanian	lietuvių
maltiešu	Maltese	Malti
norvēģu bukmols	Norwegian Bokmål	bokmål
poļu	Polish	polski
portugāļu	Portuguese	português
rumāņu	Romanian	română
serbu	Serbian	српски
somu	Finnish	suomi
slovāku	Slovak	slovenčina
slovēņu	Slovene	slovenščina
spāņu	Spanish	español
ungāru	Hungarian	magyar
vācu	German	Deutsch
zviedru	Swedish	svenska

MIX
Papier aus verantwortungsvollen Quellen
Paper from responsible sources
FSC® C105338

If you have any concerns about our products,
you can contact us on
ProductSafety@springernature.com

In case Publisher is established outside the EU,
the EU authorized representative is:
Springer Nature Customer Service Center GmbH
Europaplatz 3, 69115 Heidelberg, Germany

Printed by Libri Plureos GmbH
in Hamburg, Germany